Justice populaire et conscience juridique collective

Éphrem Dannon

Justice populaire et conscience juridique collective

Réflexions à partir d'événements survenus au Bénin

Éditions Croix du Salut

Impressum / Mentions légales
Bibliografische Information der Deutschen Nationalbibliothek: Die Deutsche Nationalbibliothek verzeichnet diese Publikation in der Deutschen Nationalbibliografie; detaillierte bibliografische Daten sind im Internet über http://dnb.d-nb.de abrufbar.

Information bibliographique publiée par la Deutsche Nationalbibliothek: La Deutsche Nationalbibliothek inscrit cette publication à la Deutsche Nationalbibliografie; des données bibliographiques détaillées sont disponibles sur internet à l'adresse http://dnb.d-nb.de.

Coverbild / Photo de couverture: www.ingimage.com

Verlag / Editeur:
Éditions Croix du Salut
ist ein Imprint der / est une marque déposée de
OmniScriptum GmbH & Co. KG
Heinrich-Böcking-Str. 6-8, 66121 Saarbrücken, Deutschland / Allemagne
Email: info@editions-croix.com

Herstellung: siehe letzte Seite /
Impression: voir la dernière page
ISBN: 978-3-8416-9971-8

DEDICACE

Je dédie cet ouvrage :

A toutes les victimes de la vindicte populaire au Congo, au Bénin, en Afrique

et dans le monde entier depuis les temps primitifs jusqu'à nos jours.

En témoignage de commisération.

A tous les Etats qui, de par le monde entier, luttent pour la sauvegarde des

droits humains et la protection de la dignité de la personne humaine.

En témoignage de soutien.

REMERCIEMENT

Ma première marque de gratitude est une action de grâce que j'exprime à Dieu pour sa bienveillance à mon endroit.

Je manifeste ma reconnaissance à maître *Hyppolite OFRIN*, greffier en chef au tribunal de Natitingou. Grâce à ses contacts, j'ai découvert la bibliothèque de la Fondation Konrad Adenauer où j'ai commencé à constituer mon tissu documentaire.

Lorsqu'il fallait ébaucher la présente réflexion, j'ai admiré la promptitude avec laquelle l'abbé *Max-Evariste CODJO* m'a montré l'actualité du thème ''*justice populaire*'' aux moments où la perplexité et l'embarras tendaient à me faire pencher pour le choix d'un autre thème.

Je reconnais et je relève la grande ouverture d'esprit de l'abbé *Roger ANOUMOU*. Toujours fidèle à l'idée que nos réflexions devront s'ancrer dans nos réalités culturelles pour avoir des impacts sur notre peuple, il m'a orienté dans le choix de ce sujet.

Je suis redevable aux abbés *Jean KINNOUME* et *Yves HOUNLIHO* pour les appréciations et les suggestions qu'ils m'ont faites à propos du plan de ce travail.
Je décerne enfin mon satisfecit aux abbés *Apollinaire TOMEHO* et *Benoît HOUNTON* qui ont favorisé la saisie, la mise en page et l'impression de cet ouvrage.

III

SIGLES ET ABREVIATIONS

av. J.C. = Avant Jésus-Christ

ap. J.C. = Après Jésus-Christ

R.D.C. = République Démocratique du Congo

O.N.U. = Organisation des Nations Unies

Op. Cit. = Opus citatum, traduction latine de ''œuvre citée''

S.   = Siècle

P L A N

INTRODUCTION

La vie des hommes en société est souvent marquée par des situations difficiles qui, si l'on n'y prend pas garde, amènent crainte et tremblement au point de paralyser l'existence.

C'est justement l'une de ces situations, que l'on peut nommer «*phénomènes sociaux*», qui a germé et s'est développée au Bénin dans le dernier trimestre de l'an 1999. La torpeur, l'angoisse, la détresse et le spectre, qu'elle représentait, suffisaient pour ne laisser personne indifférent. Nous nous sommes aussi senti interpellé et intéressé par la question à mesure que le mal, dont il était empreint, gagnait du terrain au grand dam des paisibles populations. Notre intérêt s'est accru lorsque, par ouïe-dire ou par les mass media, nous apprenions que la situation s'envenimait progressivement au point de menacer continuellement de mort imminente. Des épisodes effarants se succédaient. Celui que nous allons rapporter nous avait profondément marqué. Il n'est pas le produit d'une fabulation. Il n'est ni légendaire ni imaginaire. Du point de vue chronologique, il constitue le fait de criminalité le plus récent survenu à Cotonou. Relié à la justice populaire, il est l'avant-dernier acte, la justice populaire elle-même devant être le dernier acte si elle était advenue. La relation des faits est posthume. Nous la faisons sans projection herméneutique concomitante.

CHABI Franck, l'un de mes excellents amis, ancien compagnon d'enfance avec qui j'ai toujours entretenu une amitié irréprochable et sincère, est l'unique garçon de ses parents qui l'ont comme aîné de leur progéniture de six enfants. Technicien en génie civil, le jeune homme avait bouclé le quart de siècle il n'y avait pas longtemps. L'exécution de sa fonction l'avait conduit ce jour-là à Akpakpa (zone de la Béninoise) pour acquérir un chantier qu'il devait exploiter les jours à suivre. C'était le lundi 18 février 2002 . L'horloge marquait les 22 heures. Le gangstérisme s'était tapis en embuscade et, prêt à attaquer, attendait le premier passant pour l'agresser. Franck, malheureusement, venait à passer sur sa moto (Mate 50) neuve. Les malfrats, sortis de leur cachette, l'arrêtèrent pour la lui arracher. Il a dû opposer une courte résistance à leurs assauts avant de se savoir affaibli et impuissant. Que lui avaient-ils fait ? Nous ne saurions le dire. Ce que nous savons, c'est que *Franck* avait été abandonné dans un état comateux, au seuil de la mort, totalement évanoui, mais sans blessure corporelle visible à l'œil nu. Il avait été découvert quelques heures plus tard, gisant, inerte, dans un coin de la rue. Alertés, les sapeurs pompiers vinrent le recueillir vers 22 h 48 et le transportèrent à l'hôpital Hubert MAGA de Cotonou. Ils l'abandonnèrent sans consignes dans un couloir. A la faveur de l'inconscience professionnelle, de la négligence et de l'inconséquence notoires des agents de santé qui ne font nul honneur à l'éthique d'Hippocrate, le jeune homme est resté dans son inertie jusqu'au moment où, à 11 h, le Ciel lui donna de délivrer sa dernière parole : *"S'il vous plaît, je vous en supplie, faites l'effort de me sauver la vie. Mes parents prendront à charge de vous payer les soins quelle que soit la fortune que cela coûtera..."*. Bonne leçon de conduite professionnelle !. La providence aidant, l'oncle de **Franck** était sur les lieux sans savoir que son neveu vivait le drame de sa fin terrestre. Appelé sur son téléphone cellulaire grâce au numéro que **Franck** avait pu communiquer, l'oncle se diligenta pour lui faire administrer les soins d'urgence. Puisqu'il n'avait aucune blessure corporelle, il urgeait que l'on fît une radiographie. 13 heures sonnaient. Sorti du service radiographique, **Franck** s'éteignit vers 14 h. Il repose au cimetière P.K. 14, route de Ouidah.

Puisse-t-il, de sa contemplation de la gloire éternelle de Dieu, intercéder pour que cette situation fatale qui l'a prématurément emporté et que nous déplorons tous soit définitivement jugulée.

Un fait semblable révolte les populations et les incite à la vindicte populaire, lorsque les malfrats sont appréhendés.

Cet événement a ravivé notre désir d'explorer le terrain de la justice populaire. Nous avons estimé que nos recherches et notre réflexion apporteront une contribution aux pensées et aux études déjà élaborées à ce sujet.

Nous n'avons pas l'intention de répertorier tous les articles et tous les livres qui ont abondé dans ce sens. Nous nous permettons plutôt d'évoquer la pensée de certains auteurs qui y ont attaché une attention particulière. Le premier[1] a initié une importante phénoménologie de la justice populaire adroitement élaborée dans une description pertinente. Avec lui, on voit évoluer le droit depuis son expression la plus rudimentaire jusqu'à celle plus structurée.

Le deuxième, quant à lui, a axé nombre de ses écrits sur la justice considérée dans sa globalité[2]. Il lui a d'ailleurs consacré une œuvre entière dont le titre porte le nom « *justice* ».

En outre, plusieurs articles parus dans des revues, des journaux et des encyclopédies se sont orientés vers les problèmes que soulève la vindicte populaire. Leurs auteurs l'analysent sous divers aspects[3]. Nous ne saurions éluder la série des auteurs de mémoires qui se sont

---

[1] Marcel ROUSSELET, *histoire de la justice*, paru aux Presses Universitaires de France en 1948.

[2] Il s'agit de CASAMAYOR. Ce dernier a consacré une œuvre entière à ce sujet. Il porte d'ailleurs le titre « *justice* ».

[3] Robert BOYER l'aborde sous l'angle : violence et droit. R CHARDIN, quant à lui, parle du « problème des représailles à la lumière des travaux de la conférence diplomatique sur le droit humanitaire ».

illustrés dans la même ligne de pensée[4]. Les réflexions qu'ils ont initiées gardent toute leur originalité et leur pertinence. Elles s'arc-boutent essentiellement sur le cas typique du Bénin avec une brève allusion à la dimension historique du problème.

Pour nous, ce procédé dénote d'une vue restrictive de la question. On en aurait une vue panoramique si, d'une part, l'aspect historique était davantage développé. D'autre part, quelques exemples recueillis à partir des expériences d'autres pays auraient diversifié les pistes de réflexion.

En guise de complément, nous nous proposons de combler les vides historiques et phénoménologiques pour que le problème soit évalué sous tous ses aspects. Pour cela nous accorderons dans un premier élan une place de choix à la justice telle qu'elle s'exerçait dans les sociétés avant l'Etat de droit. Par la suite, nous verrons comment, à travers l'histoire, la conscience juridique collective a évolué depuis les sociétés primitives jusqu'à l'Etat de droit.

En dernière analyse, nous apprécierons le phénomène «*justice populaire*» par rapport à l'Etat de droit et sa structuration.

Nous ferons ces analyses tout en ayant sur toile de fond un questionnement permanent que soulève la justice populaire : celui de l'existence d'une justice extralégale dans des sociétés fondées sur le droit.

---

[4]Retenons notamment : GBENOU Victor, *Vindicte populaire et protection des droits de l'homme…* ; GNANCADJA Corneille, *Responsabilité et sanction : le cas de la vindicte populaire au Bénin* ; TE-YERI OUOROU Issiakou et TOURE Azizou, *Réflexions sur le phénomène de la justice privée au Bénin (cas du vol)*.

Première partie :

LA JUSTICE POPULAIRE AVANT L'ÉTAT DE DROIT

CH. 1 : NOTION DE JUSTICE POPULAIRE

La justice populaire n'est pas une pratique nouvelle. Elle caractérisait très fortement le processus de règlement des rapports conflictuels entre les hommes primitifs. On l'appelait "vengeance collective" ou "guerre privée"[5]

Pour bien cerner la réalité qu'elle recouvre, il est utile de faire référence aux vieilles sociétés qui nous en ont laissé des traces considérables.

1.1. SIGNIFICATION ET GENÈSE DU CONCEPT

Comme toute autre réalité, la justice populaire a une origine. Plus qu'une origine, elle a une histoire puisqu'elle a commencé à exister à un moment précis et pour des raisons déterminées. Puis elle a fini par se déployer dans le temps et l'espace. Nous tenterons de repérer son contexte d'émergence après en avoir esquissé une étude sémantique.

1.1.1. SIGNIFICATION DU CONCEPT

Deux termes constituent l'expression *"justice populaire"*. Une approche sémantique juste et fiable requiert la prise en compte séparée de chacun d'eux. De plus, la mise en valeur de l'étymologie crédibilise l'étude. Ainsi, de *"justice"* nous avons *"justicia"*, substantif qui dérive de la racine latine *"justus"* signifiant *"juste"*. *"Populaire"* vient aussi du latin *"populus"* que rend le mot français *"peuple"*.

Considérons d'abord le premier terme qui est d'ailleurs la base de l'expression. Il faut noter que les domaines d'application du mot *"justice"* sont pluriels et son sens est plurivoque. Il peut être envisagé à partir des points de vue philosophique, éthique, biblique et juridique. De tous ces domaines, le juridique retiendra plus notre attention. Mais avant d'y aboutir, nous passerons en revue certains traits des domaines philosophique et éthique.

Du point de vue philosophique, la justice est comprise dans le sens de *"vertu"*. Nous devons à **Platon** de l'avoir prise sous cet angle. C'est à la lumière de cette conception platonicienne que des auteurs ont pu affirmer que « *(...) la justice renferme tout ce qu'on se doit à soi-même et tout ce qu'on doit aux autres, à sa patrie, à sa ville, à sa famille, à ses parents, à sa maîtresse, à ses amis, à l'homme et peut-être à l'animal* »[6]. Dans *La République,*

---

[5] Cf. M. ROUSSELET, *Histoire de la justice primitive*, p. 6.
[6] En citant cette pensée de Diderot dans *Les notions philosophiques, p. 1406,* Sylvain AUROUX croit que la tradition occidentale fait couramment de la justice la vertu morale principale «à cause de laquelle les hommes sont

d'où s'origine « *la conception de la justice comme vertu globale et "architectonique"* »[7], **Platon** a consacré plusieurs de ses livres à l'étude de la justice (I, II et X par exemple).

Au niveau éthique, la justice est perçue comme une obligation, une exigence. Elle est « *un principe moral qui exige le respect du droit et de l'équité* »[8]. L'expression "*faire régner la justice*" rend bien compte de cette vision de la justice.

L'allusion à la dimension éthique nous entraîne sur le terrain juridique où le concept est beaucoup plus utilisé. La signification que le droit en livre est plutôt fonctionnelle : la justice est la « *fonction souveraine de l'Etat consistant à définir le droit positif et à trancher les litiges entre sujets de droit* »[9].

La définition juridique dévoile d'une part l'aspect structurel et administratif de la justice. Elle implique une autorité : l'Etat qui mandate des personnes à qui est confiée la charge d'administrer la justice. Elle spécifie d'autre part que c'est dans les Etats modernes supposés démocratiques que la justice prend les connotations précitées.

En considérant ensuite le terme "*populaire*", nous assistons à un déplacement des protagonistes dans la mesure où les personnes qui administrent la justice ne sont plus mandatées. Ce rôle est assuré par le peuple qui n'en a reçu aucun pouvoir. Dès lors, la justice change de système de fonctionnement. Elle devient justice populaire. Voyons enfin le sens que revêt le concept pris dans son entièreté.

Elle est dénommée : *justice populaire, auto-justice, justice privée* ou *vindicte populaire,* suivant l'aspect de la réalité que l'on veut privilégier. Mais le concept garde un même et unique sens, bien que son explication soit variée. Nous en retenons deux. La première est celle qui définit la vindicte populaire comme « *un soulèvement de masse extralégal* »[10]. La deuxième la présente sous sa face pénale en parlant d'*exécution sommaire*[11].A notre avis, la définition du concept *"justice populaire"* retrouverait sa plénitude d'explication si l'on arrive à fusionner l'une et l'autre des approches précédentes. Ainsi, la justice populaire est le fait pour un groupe de personnes, constitué circonstanciellement, de punir l'auteur présumé d'un acte délictueux, en lui faisant subir, de la façon la plus sadique, un châtiment corporel mortel.

La question que l'on peut se poser à juste titre est de savoir comment et quand la justice populaire est advenue dans l'histoire de l'humanité.

---

appelés bons » (Cicéron, Des devoirs I,7,20). Pour cela, la justice est l'essence de toutes les vertus. Celles-ci n'en sont que des expressions particulières. Ainsi, la justice comprend tous les devoirs moraux de l'homme, détermine la rectitude de ses intentions et de ses actions quel que soit leur domaine..

[7] S. AUROUX, *Les notions philosophiques, t.1, p .1406.*

[8] *Le petit Larousse illustré en couleurs, p. 573.*

[9] *Idem.*

[10] V. GBENOU, *Justice populaire et protection des droits de l'homme, p.10.*

[11] .O. B. I.TE-YERI, A. TOURE, *réflexion sur le phénomène de la justice privée au Bénin,* p. 1.

1.1.2. GENESE DE LA JUSTICE POPULAIRE

La justice populaire n'est pas un produit des sociétés modernes. Il faut en rechercher les racines dans l'antiquité. Un certain nombre de faits extraits de l'histoire de la justice dans les anciennes sociétés nous servira d'éclairage.

Le vieux *Code d'Hammourabi*[12] rapporte que dès qu'une maison, en s'effondrant tue l'enfant du maître, l'enfant de l'architecte est obligatoirement mis à mort. Une autre disposition du même Code stipule : « *si un homme a frappé une fille d'homme libre et a fait tomber son intérieur (s'il l'a fait avorter) il paiera dix sicles d'argent. Si cette femme meurt, on tuera la fille de l'agresseur*[13]-. Ce sont là des manifestations de la vindicte populaire appliquée sur les êtres humains. Dans plusieurs cas, c'étaient les animaux et les êtres inanimés qui en pâtissaient. Le vieux droit égyptien donne des traces de procès faits aux cadavres. L'historien grec *Diodore* de Silice, au 1er siècle av. J.C., affirme que l'on pouvait accuser un mort devant un tribunal sacerdotal et le punir en le privant de sépulture.

Un siècle plus tard, son concitoyen *Pausamas*, écrivain, retrace l'épisode d'une statue qui a été poursuivie et condamnée à être jetée à la mer par un homme à Thasos[14], au IVè, pour avoir tué son fils dans sa chute.

L'idée sous-jacente à l'évocation des réalités sus-indiquées est que dans les sociétés primitives, la volonté de se venger quand on subit un forfait est présente dans l'agir social. Elle décrit la façon dont l'esprit vindicatif a germé et s'est formé pour engendrer la justice populaire. voilà pourquoi *R. CHARVIN* déclare que « *dans les sociétés primitives, l'administration de la justice est prise en main par ceux qui se jugent lésés...* »[15]. Il n'y a nul doute que les sociétés primitives, dont il s'agit, représentent des entités spatio-temporelles situées dans l'histoire. Mais la genèse de la justice populaire peut aussi être examinée à un niveau plus abstrait et plus théorique. Il faut se figurer, pour cela, l'état de l'humanité avant la souveraineté. Les théoriciens du droit la qualifient d'état de nature. Les penseurs comme *Hobbes*, *Locke*, *Pufendorf*, *Grotius*, *Rousseau* et beaucoup d'autres auteurs des XVIIè et XVIIIè s. en ont fait usage. «*Tous conviennent que les peuples qui ne doivent pas allégeance à une autorité politique constituée se trouvent, les uns vis-à-vis des autres dans l'état de nature ou tout au moins dans ''un'' état de nature* »[16].

---

[12] *Le Code d'Hammourabi est le plus vieux recueil de lois connu. Il date de 2000 ans avant Jésus-Christ et est écrit par le roi de Babylone Hammourabi. On l'appelle aussi le code d'Hammourabi des Chaldéens.*
[13] *M. ROUSSELET, Histoire de la justice primitive, p. 9.*
[14] *Île grecque du nord de la mer Egée. S'écrit aussi ''Thassos''.*
[15] *R. CHARVIN, « Justice politique », in : Encyclopædia Universalis, v.9, p. 581.*
[16] *Cf. Dictionnaire de la pensée politique, p .253.*

En dépeignant la vie des hommes de cette époque, *Jean Jacques ROUSSEAU* met en relief une société où chacun est juge de soi. Il n'hésite pas à en conclure qu'une telle société connaît incontestablement une permanente situation de guerre et de tyrannie[17]. Le mot de *Hobbes* vient à point nommé caractériser l'homme de l'état de nature : *"homo lupus homini"* (l'homme est un loup pour l'homme). Ce n'est donc pas l'effet d'un hasard si d'aucuns pensent que l'origine de la justice populaire réside dans ce travers caractéristique de l'homme. Elle n'a fait que se structurer pour prendre le caractère et la forme que nous lui connaissons actuellement. Dans un article très significatif, *Mutunda MWEMBO* adopte un point de vue similaire. Il énonce que « *l'homme est un loup pour l'homme, et l'effort de coexistence harmonieuse ente les hommes se trouve quotidiennement confronté à l'épreuve d'une conflictualité qui a fini par s'inscrire de manière structurelle dans la nature, l'histoire et le dynamisme de la vie de l'espèce humaine* »[18].

Au départ, la justice populaire avait une façon de se déployer propre aux hommes de la société primitive.

1.2. MODE D'EXPRESSION DE LA JUSTICE POPULAIRE PRIMITIVE

Les hommes, dans l'antiquité, avaient une double façon d'exercer la justice. Il y a le règlement de compte dont la victime ou l'un de ses proches prend l'initiative. Ce mode de règlement des conflits est appelé *"vengeance privée"*. L'autre, *"justice publique"*, fait intervenir une autorité supérieure.

1.2.1. LA VENGEANCE PRIVEE

Qu'on l'entende sous l'appellation *"vengeance privée"* ou *"justice privée"*, l'expression désigne le moyen personnel par lequel les hommes réglaient leurs différends dans l'antiquité. Quand un crime était commis, son règlement dépendait du statut familial de l'auteur et de la victime. S'ils appartiennent à la même famille, il revenait au chef de famille d'appliquer la sanction qui n'est rien d'autre que l'exclusion du coupable de la tribu.

Apparemment, l'auteur du crime n'agit pas. Néanmoins, cette forme de justice demeure privée bien qu'elle ne donne aucun droit d'intervention à la personne lésée, puisque la sentence est prononcée par une seule personne : le chef de famille. Mais au cas où les deux parties sont

---

[17] *Cf. J. J. ROUSSEAU, Du contrat social, p .51.*
[18] *M. MWEMBO, « De l'aspiration populaire à la justice au phénomène de l'auto-justice », in : Justice et société en R.D.C., p.52.*

de familles différentes, la famille de la victime se sent solidaire et rentre en compétition aux côtés de son membre offensé pour le venger. Dans ces conditions, la justice devient collective par le fait même qu'elle engage la collectivité entière. De là découle l'une des spécificités de la vengeance privée : la responsabilité personnelle.

L'idée de responsabilité personnelle était absente de la justice primitive parce que les familles des coupables étaient sanctionnées avec eux. En témoigne cette série d'exemples extraits de réalités historiques précises : « *A Athènes, jusqu'au Vè s. av. J. C., on applique la peine de mort aux enfants du traître ; à Rome, par la loi d'Arcadius de l'an 397 de notre ère qui fut conservée par Justinien, la sanction des crimes de majesté était étendue aux enfants du coupable. Notre ancien droit lui-même, en cas d'attentats contre le roi, frappait de bannissement les proches du criminel... »*[19]. Plus tard, la vengeance privée fit place à la justice publique pour des raisons qui seront évoquées ultérieurement, dans la phase analytique.

1.2.2. LA JUSTICE PUBLIQUE

Pour rester fidèle à l'esprit du développement antérieur, ce que requiert le procédé général de la première partie, nous maintenons l'allure descriptive de la réflexion. Ainsi, nous sommes conduits à ne donner que la nature de la justice publique et son mode d'expression. Aussi voulons-nous relever un écueil : celui qui consiste à prendre « *public* » dans le sens de collectivité sociale politique. Il y a cependant un groupement social en jeu. D'aucuns, pour le qualifier parlent de cité antique. Elle avait un pouvoir d'intervention qui s'exprimait à travers un début de droit appelé, à juste titre, « *droit ancien* » ou « *législation primitive* »[20]

La justice publique intervenait pour relayer la vengeance privée dans ses moments de faiblesse. Elle était donc employée de façon ponctuelle selon que les circonstances nécessitaient son secours. Même quand elle devait intervenir, la justice publique ne cherchait nullement à éclipser la vengeance privée. Elle ne s'imposait pas dans la mesure où les personnes lésées étaient libres d'exercer, quand elles désiraient, la vendetta[21]. Quelles seraient les causes de la non imposition de la justice publique comme moyen définitif de résolution des mésententes ?

Nous évoquons à ce propos deux mobiles. Le premier est relatif à la non structuration de l'État à l'époque primitive. De fait, il ne pouvait prétendre s'affirmer. Cela justifie le libre cours que la justice publique laissait à la vengeance privée. Le deuxième touche le mode d'application de ses moyens. À cette étape, la justice publique avait un caractère transitoire et

---

[19] *M. ROUSSELET, op. cit. , pp. 8-9.*
[20] A propos de ces expressions, on recourra à Marcel Rousselet in : *Histoire de la justice respectivement aux pages 7 et 11.*
[21] Comprendre par là la vengeance privée. Le terme sera réexaminé plus loin dans le développement.

ponctuel. On dirait qu'elle s'essayait progressivement jusqu'au moment où elle s'affirmerait incontestable et incontournable. Effectivement, elle s'était exprimée à travers une série de dispositions légales successives qui se relayaient.[22]

Aussi, de tout ce qui précède, il se dessine que les deux moyens juridiques de résolution des conflits en vigueur dans l'antiquité sont la vengeance privée et la justice privée. Nous en avons saisi le contenu à travers la mise en valeur de leur mode d'expression.

Pour mieux en apprécier les contours juridiques, nous les avons situés dans deux aires culturelles de l'antiquité.

CHAP 2 :   JUSTICE PRIMITIVE ET DROIT

L'intitulé du chapitre semble insinuer une démarche de comparaison entre la justice dans son expression antique et le droit. En réalité, il a pour objectif de décrire la justice telle qu'elle s'exerçait concrètement dans deux sociétés primitives à savoir Athènes et Rome. Il est tout à fait possible d'y découvrir des traces concrètes de droit comme le laissent croire les juridictions d'Athènes.

2.1.   LA JUSTICE À ATHÈNES

Capitale de la Grèce, Athènes, au début du Vème siècle avant Jésus Christ, était parmi les premières villes de la Grèce. Le commerce et la démocratie la distinguaient. Grâce à une victoire sur les Perses pendant les guerres médiques[23] du Vème s. avant J.C.. Athènes est devenu la ville la plus importante de la Grèce. Athènes connut ensuite une période très brillante. Malgré les difficultés qui lui firent perdre sa renommée politique, elle garda sa suprématie intellectuelle et artistique. Athènes est restée « *l'un des centres de la culture hellénistique, et Rome se met à son école* »[24].

La justice à Athènes présentait un double foyer d'exercice. Le premier concerne la justice exercée sur les crimes d'homicide et le deuxième est relatif à l'Héliée.

---

[22] Nous voyons cette série de dispositions légales aux pages 6 et 7 du livre de Marcel Rousselet.
[23] Les guerres médiques (490-479 av. J.C.) étaient des conflits qui avaient opposé les Grecs à l'empire perse. Son origine était le soutien apporté par Athènes à la révolte des Ioniens (499) dont Darius 1er vient à bout en 495. Pour assurer sa domination sur l'Égée, celui-ci s'attaque ensuite aux cités de la Grèce d'Europe.
[24] *Le petit Larousse illustré en couleur*, p.1152.

2.1.1. LE CRIME D'HOMICIDE

Le crime d'homicide, encore appelé crime de sang ou affaire de sang, est le meurtre commis par un individu. Il y en a de deux sortes : ceux qui sont commis avec préméditation et ceux qui surviennent involontairement. Selon l'usage, les retombées du crime rejaillissent sur toute la cité du fait que non seulement ce sont les hommes qui en sont frappés, mais aussi les dieux de la cité.

A cette époque de l'histoire sociale d'Athènes, deux instances étaient chargées de régler les causes de ce genre suivant une procédure établie. Il s'agit de l'antique Tribunal de l'Aréopage[25] et du Tribunal des Ephètes. Au premier était réservé le jugement des meurtriers volontaires et prémédités. Au deuxième il revenait de siéger sur les cas de meurtres spéciaux dont le mode de règlement avait été prévu par le célèbre Code de Dracon rédigé vers 621 av. J.C. Ce législateur athénien introduisit une réforme considérable dans le monde juridique au VIIe s. av. J.C.. Il mit l'accent beaucoup plus sur l'intention du criminel. Dès lors, plusieurs cas pouvaient être considérés quand on tient compte de l'intention. Ainsi, *« en cas d'homicide involontaire ou d'homicide légitimé, par exemple lorsque la victime a été tuée au moment où elle avait des relations illicites avec l'épouse du meurtrier, c'est un tribunal autre que celui de l'Aréopage , le Tribunal des Ephètes, qui va connaître de l'affaire »*[26].

La procédure mise sur pied pour juger les crimes de sang tenait grand compte du caractère religieux. Elle s'articule suivant des étapes qui sont devenues presque rituelles. Tout commence par l'offrande d'un sacrifice aux dieux. Les deux parties prononcent un serment avec solennité. Le débat s'ensuit puis l'accusé, acquitté devant l'Aréopage va à la grotte des Euménides pour l'offrande d'un nouveau sacrifice afin de calmer les dieux. A ce prix, il est absous de la souillure qu'il a répandue sur la cité par son crime d'homicide.

Malgré les formes juridiques reconnues à la justice d'Athènes, sa procédure rappelle les antiques guerres privées : *« lorsque les parents voulaient engager l'action, ils se rendaient auprès du mort, ils plantaient une lance près de sa tombe. C'était par cette déclaration de guerre que débutait le procès. »*[27]. Si l'Aréopage a conféré à Athènes une juridiction effective, il ne l'a pas caractérisé comme l'Héliée.

2.1.2. L'HELIEE

---

[25] L'Aréopage est le tribunal qui siégeait sur la colline consacrée à Arès (le dieu de la guerre) à Athènes dans l'antiquité. Sa fonction était de surveiller les magistrats, d'interpréter les lois et de juger les meurtres.
[26] M. ROUSSELET, op. cit., p. 15.
[27] ibidem, p. 16.

A l'image de l'Aréopage, l'Héliée était un tribunal populaire d'Athènes. Elle avait connu son épanouissement au Ve s. av. J.C.. Ses membres, les héliastes, étaient choisis sur mode de tirage au sort chaque année, au nombre de 6000, parmi les citoyens juges ayant 30 ans. Vu le grand nombre à recruter chaque année, une stratégie était inventée pour attirer : l'attribution aux héliastes d'une indemnité de 2 à 3 oboles par jour. Elle correspondait au prix de la pitance d'une personne. Les athéniens pauvres et oisifs y voyaient un appoint favorable.

Le fonctionnement des tribunaux de l'Héliée nécessitait la présence de magistrats qui présidaient. Les héliastes, eux, étaient commis à rendre la sentence. Pour la plaidoirie, chacun des citoyens défendait lui-même sa cause. Mais un service de logographie offrait d'autres possibilités. En effet, des rhéteurs qui prennent le nom de logographes à cause de leur métier, rédigeaient pour les citoyens qui le voulaient des plaidoyers à apprendre par cœur et à réciter pendant le procès. L'histoire de la justice d'Athènes conserve dans ses archives plusieurs exemples de logographes célèbres tels que *Lysias* et *Isée*.

Les sentences que prononçaient les héliastes variaient monstrueusement entre la précipitation des condamnés à mort dans un fossé et l'abattage à coup de massue. Dans le meilleur des cas, une mesure semblable à l'euthanasie achevait les inculpés qui se trouvaient contraints de consommer une coupe de ciguë. L'exemple le plus sinistre et le plus ignominieux en l'espèce est la mort du célèbre philosophe *Socrate*, condamné à la peine capitale par l'Héliée en 399 av. J.C. pour n'avoir pas honoré les divinités de l'Etat. Dès lors, l'histoire a gardé un malheureux souvenir de l'Héliée : *«ce procès célèbre a discrédité la justice de l'Héliée aux yeux de la postérité qui a vu dans le châtiment de celui qui avait peut-être été le plus grand philosophe de l'antiquité un acte de tyrannie de la justice populaire»*[28]. En fait de tyrannie en justice, Rome, la Ville Éternelle, n'était pas une exception.

2.2. LA JUSTICE À ROME

La Ville Eternelle est née au VIIIe s. av. J.C.. Capitale de l'Italie depuis 1870, Rome est illustre sur les plans politique, intellectuel, artistique, religieux et touristique. La ville constituait l'un des principaux Etats de l'Antiquité. Elle est entre autres figures importantes, le centre du christianisme et le siège de la papauté *« sauf à l'époque de la papauté d'Avignon et du grand schisme entre 1309 et 1420 »*[29]. En portant un regard rétrospectif sur l'histoire de Rome, nous en avons plutôt fixé les aspects concernant le droit et la justice. La législation romaine comprenait la *''justicia privata''* et la *''justicia publica''*.

---

[28] Idem.
[29] *Le petit Larousse illustré en couleur*, p. 1637.

2.2.1. LA "JUSTICIA PRIVATA"

La *"justicia privata"* (justice privée) est le terme latin qui traduit en français la justice privée. Les législations modernes connaîtront la réalité que recouvre le terme *"justice privé"* sous le nom de *"litige entre particuliers"*. Elle est assimilée au *"procès civil"*. Dans la Rome antique, la justice privée faisait partie des deux grandes catégories de procès. Elle avait ses acteurs, sa procédure et ses sentences. L'exercice du pouvoir judiciaire romain, au départ, était assuré par le roi que les pontifes assistaient dans ce rôle. Par la suite, un corps spécialisé en avait pris les rênes. Il s'agissait des consuls et surtout des préteurs. On leur décernait le titre éminent de magistrat judiciaire par excellence. La plupart du temps, les préteurs travaillaient de connivence avec des juges qui étaient affectés à des tâches relatives à la diction de la sentence. Mais avant d'aborder la sentence, passons au crible la procédure judiciaire propre à la justice privée de cette époque. Deux procédures régissaient les procès : la procédure des actions de la loi et la procédure formulaire. Toutes deux conquéraient dans le temps leurs lettres de noblesse.

La procédure des actions de la loi tenait ce titre de son origine. En effet, ses actions avaient été établies et installées par la loi. La loi des XII Tables[30] y avait largement concouru. Les actions de la loi se rejoignaient à plusieurs égards. D'abord au niveau du formalisme dont ils faisaient preuve et ensuite du point de vue des guerres privées dont elles étaient empreintes. Nous rapportons, pour confirmation, que « *dans la vieille action de la loi per sacramentum, s'il s'agit par exemple de la revendication d'un esclave, les deux plaideurs en comparaissant devant le magistrat faisaient le geste de s'emparer de l'esclave litigieux et tous deux, en le touchant d'une languette et en prononçant les paroles rituelles, proclamaient leur droit de propriété qu'ils prétendaient avoir sur lui. Après ce simulacre de combat, le magistrat faisait lâcher l'esclave par les plaideurs, donnait l'action, puis renvoyait pour la sentence devant le juré*»[31].

L'autre procédure ressemble à une mesure complémentaire. Elle venait combler pour ainsi dire les insuffisances de la première, étant entendu que les actions de la loi ne pouvaient pas prévoir tous les cas de litige. En prévision de ces éventualités inévitables, les préteurs prenaient adroitement l'habitude de rédiger des formules pour orienter les juges. Ainsi naquit un nouveau droit qui, pour authentifier le pouvoir d'organisation des procès, reçut le nom de droit prétorien. L'autorité des préteurs s'était étendue jusqu'à l'annonce annuelle, lorsqu'ils entraient en charge, par un édit[32], de l'interprétation qu'ils feraient de la loi, des formules qu'ils

---

[30] Il est rapporté que la prestigieuse rédaction de la loi des XII Tables a été possible avec les recherches profondes et laborieuses des Decemviri (collège de 10 magistrats).
[31] M. ROUSSELET, op. cit., pp. 18-19.
[32] L'édit du préteur.

adapteraient aux cas prouvés douteux et nouveaux. La législation se trouvait alors complétée et les préteurs l'appliquaient en tenant compte des habitudes modifiables, et des besoins extensibles. La jurisprudence romaine vit ainsi le jour et se fit impérissable grâce aux travaux de ses jurisconsultes, à côté de la loi des XII Tables. Il reste à savoir comment la sentence était rendue après la procédure judiciaire.

L'habilité à rendre la justice n'était pas du ressort des préteurs. Quand ils avaient reçu les plaideurs -c'était en réalité leur rôle-, ils leur faisaient accomplir devant eux les divers actes de la procédure jusqu'au niveau du point à trancher. Ils renvoyaient par la suite la cause au juge unique choisi sur une liste officielle pour qu'il statue. Ainsi s'articulait dans la Rome Primitive la *justice privée* à côté de la deuxième grande catégorie de procès qu'est la *justice publique*

2.2.2. LA " JUSTICIA PUBLICA"

La *"justicia publica"*(justice publique) se comprend aisément à la lumière des procès criminels. Une tentative de comparaison avec la justice dans son aspect privé éclaire davantage.

Si la justice privée se réfère aux individus, la justice publique implique la société. Les romains s'en étaient rendus compte très tôt. Alors la notion de délit public s'était ancrée dans leur mentalité et ils ont réalisé que l'infraction constitue une atteinte à l'ordre social qui doit obliger l'Etat à sanctionner. Il fallait pour cela spécifier et hiérarchiser les délits pour définir ceux qui sont des crimes publics. Le projet de cette identification avait conduit à ne retenir d'abord que la trahison et le meurtre d'un citoyen romain. Mais on assista sous l'empire et à la faveur des réformes de **Sylla** à l'élargissement des domaines du crime public aux faux, aux attentats, aux mœurs, à la concussion et à la corruption électorale[33]. Ici, la sanction était la peine capitale sous forme de pendaison, d'étranglement, de décapitation ou de précipitation du haut d'une roche, provoquée par l'accusation d'un simple citoyen. Des comices, des consuls et des préteurs en avaient la responsabilité. Mais à la création des juridictions criminelles, il y avait comme président un préteur ou un sénateur que secondaient certains jurés. Beaucoup de nouveautés apparurent sous l'Empire. Le nombre des peines s'accrut par l'introduction des travaux forcés dans les mines. L'exécution s'était aussi enrichie par de nouvelles pratiques : les combats de gladiateurs, le supplice de la croix et l'exposition aux animaux féroces.

Nous ne saurions clore ce tour d'horizon sur la justice dans la Rome Antique sans évoquer les particularités et l'héritage juridique qu'elle a légués à la postérité. Il y avait à Rome une véritable science du droit que les pontifes avaient au départ monopolisée et qui a fini par se séculariser en 30 av. J.C. Désormais les citoyens qui le désiraient pouvaient accéder aux

---

[33] *M. ROUSSELET*, op.cit., p. 19.

magistratures. Par conséquent, la réalité des jurisconsultes laïques vit le jour. Leur statut était tout à fait différent de celui des avocats : «*Il ne faut pas confondre à Rome les jurisconsultes avec les avocats qui ne font que plaider devant le juge les questions de fait*[34]. Parmi les plus illustres jurisconsultes figurait **Gaius** (IIè s. après J.C.) dont l'œuvre, *les Institutes*, avait servi de base aux *Institutes* de Justinien (527-565). En matière de droit, nous ne commettrions pas l'erreur d'occulter l'œuvre de l'empereur Justinien. Sur son initiative, en effet, tous les textes juridiques avaient été regroupés par matière. Ainsi, l'essentiel de la littérature juridique qui fait l'objet du droit romain avait été fixé. L'histoire juridique romaine rattache à sa personne notamment le *Digeste* ou *Pandectes* (recueil de jurisprudence) et un code qui porte d'ailleurs son nom : le Code justinien.

En définitive, la piste dont nous venons de boucler le parcours nous a dévoilé la justice dans son expression et son exécution primitives. L'impression que nous en avons gardée est son caractère populaire, vindicatif et cruel. Cette impression se trouve confirmée par la présence effective des deux modes d'application de la justice primitive dans les cités athénienne et romaine, choisies pour l'étude. Il convient, à présent, de reconsidérer les étapes les plus décisives du droit antique pour apprécier les réactions des hommes face à son déploiement dans le cours de l'histoire.

---

[34] *M. ROUSSELET,* op. cit., p. 21.

Deuxième Partie :

ÉVOLUTION DE LA CONSCIENCE JURIDIQUE COLLECTIVE : DES SOCIETES PRIMITIVES A L'ETAT DE DROIT

L'étude portera à ce stade de la réflexion sur la matière antérieurement recueillie. Nous avions situé la justice populaire dans sa nature et dans sa fonction avant la réalité de l'Etat de droit. A présent, nous enclenchons avec la phase analytique. Elle consistera à voir comment, à travers l'histoire de l'humanité, depuis ses origines, le droit est né et a évolué dans la conscience collective. Trois mouvements nous y conduiront. En un premier temps, nous suivrons les étapes progressives génératrices du droit suivant les âges. En un deuxième temps, nous découvrirons l'accueil que les peuples postérieurs ont réservé à cet héritage juridique. A la dernière phase de l'analyse, nous nous questionnerons pour voir s'il doit exister une interaction entre l'ancien système juridique et le nouveau.

Chapitre 3 : ÉLABORATION PROGRESSIVE DU DROIT A TRAVERS L'HISTOIRE

Si nous concevons avec **Roland KESSOUS** que «*la justice a pour fonction essentielle d'interpréter et d'appliquer la loi*»[35], nous pouvons affirmer que la justice est présente là où la loi existe. En recherchant l'origine des lois, **Platon** abonde dans le même sens. Alors, nous évoquerons sa pensée avant de suivre le droit dans son itinéraire depuis ses premières aspirations jusqu'à l'époque moderne.

L'origine platonicienne de la justice s'enracine dans une opinion populaire. On dit qu'il est bon de commettre l'injustice. La subir est un mal, mais on a plus de mal à la subir qu'à la commettre. Pour se situer , le hommes se sont volontairement soumis à ce test : subir et commettre l'injustice pour voir ce qui en ressortirait. Pour certains, il est impossible d'éviter de subir et de commettre l'injustice. Alors ils choisissent de ne plus commettre d'injustices pour ne plus en subir. D'où l'émergence des lois, des conventions. On qualifiait de légal et de juste tout ce qui est conforme à la loi et injuste ce qui est contraire à la loi[36.].

3.1.   LA LOI JUIVE ET LE DROIT GERMAIN.

En tenant compte de la conception de Platon, nous réalisons que les lois sont nées pour que la justice règne entre les hommes. **Rousseau** le rappellera des siècles après **Platon** avec une grande insistance sur l'utilité des lois pour toute association civile : «*Il faut donc des conventions et des lois pour unir les droits aux devoirs et ramener la justice à son objet*»[37].

---

[35] R. KESSOUS, "*La justice et la répression*", in : *Lumière et vie*, n° 135, p. 44.
[36] Cf. PLATON, *La République,* p.92.
[37] J. J. ROUSSAEU, op. cit., p. 74.

Nombreux sont les peuples qui ont accordé un écho favorable à ce cri d'alarme des penseurs. Les juifs et les germains ne sont pas du reste.

3.1.1. DE LA VENDETTA A LA PEINE DU TALION

La loi spécifiquement juive qui retiendra notre attention est la peine du Talion. Mais nous la lions à la *vendetta* pour nous convaincre de l'écart qui a existé entre les deux figures juridiques.

La *vendetta* est une figure juridique commune à certains peuples méditerranéens dont la Corse, la Sardaigne et la Sicile. Son origine italienne renvoie au mot français "*vengeance*". Elle est un système de règlement d'une offense ou d'un meurtre fondé sur la vengeance. L'acteur de la vengeance n'est pas seulement la victime mais la collectivité touchée par l'offense ou le meurtre. Le contenu et le mode de la vengeance sont laissés à l'initiative de la victime et de ses parents. Le temps de la vengeance est indéterminé. Elle implique l'affrontement des familles et des groupes sociaux ethniques ou tribaux. Imaginons un instant la cruauté et la barbarie auxquelles la vendetta donnait libre cours dans la vie des hommes. Le peuple juif vivait une situation analogue où l'excès de vengeance caractérisait les rapports sociaux. Ainsi, pour une blessure causée, on tuait un homme, pour une meurtrissure, on tuait un enfant[38]. Le cas le plus suggestif est révélé par le code de l'Alliance[39] : "*Quiconque frappe quelqu'un et cause sa mort sera mis à mort. S'il ne l'a pas traqué mais que Dieu l'a mis à portée de sa main, je te fixerai un lieu où il pourra se réfugier. Mais si un homme va jusqu'à en tuer un autre par ruse, tu l'arracheras même de mon autel pour qu'il soit mis à mort. Qui frappe son père ou sa mère sera mis à mort. Qui enlève un homme - qu'il l'ait vendu ou qu'on le trouve en sa possession sera mis à mort. Qui maudit son père ou sa mère sera mis à mort'*[40]. Mais la véritable loi juive s'exprimera plus tard en terme d'équité et marquera ainsi un pas décisif dans les pratiques judiciaires précédentes. La législation hébraïque empruntera le principe du Talion, loi selon laquelle il faut une punition qui soit au prorata de l'offense. D'où la célèbre maxime biblique : "*oeil pur oeil, dent pour dent'*[41] formulée en parfaite concordance avec cet extrait biblique : "*si un homme blesse un compatriote, comme il a fait on lui fera : fracture pour fracture, oeil pour oeil, dent pour dent. Tel le dommage que l'on inflige à un homme, tel celui que l'on subit''...*[42]. Le passage, à n'en point douter, est net entre la vendetta et ses formes d'application même dans la législation hébraïque et la loi juive avec la nouveauté de la loi du talion. Certains pensent que

[38]Cf. Genèse 4, 23.
[39] Recueil de lois et de coutumes considérés comme la charte de l'Alliance du Sinaï.
[40]Exode 21, 12-17.
[41] Exode 21,24.
[42] Lévitique 24, 19-20.

la loi juive nous montre la transition entre la vendetta et la peine du talion. Mais plus qu'une simple transition, nous y voyons une progression du système juridique en faveur des hommes. Aussi, devons-nous reconnaître que dans l'histoire des peuples, il n'y a pas que la loi juive qui ait pu freiner l'ardeur des vendettas. Le droit germain a fortement contribué à les bannir par le système des compositions pécuniaires.

3.1.2. LES COMPOSITIONS PECUNIAIRES

Les compostions pécuniaires avaient été appliquées aussi bien par le droit germain que par le droit franc. Nous en percevrons les germes dans le droit germain puis l'implantation dans le droit franc. Les compositions étaient des sommes d'argent que la coutume obligeait les coupables à payer et dont elle avait le privilège de fixer le tarif. Le payement des compositions pécuniaires remplaçait alors les peines à subir et devenait le mode de résolution des conflits. Cette pratique avait été appliquée diversement et avait connu une évolution tangible. Nous en avons une première explication dans le vieux droit romain grâce à l'historien **Tacite**. Au départ, la composition pécuniaire apparaissait comme une négociation entre l'Etat et les victimes d'infractions. L'Etat n'avait pas le monopole d'une imposition. Il exhortait les personnes lésées à réclamer les compositions pécuniaires sans les forcer à s'y astreindre. Le recours à la vendetta était toujours de mise. Le mode d'application des compositions pécuniaires amenait la victime ou ses héritiers à réclamer le paiement du tarif fixé par la coutume en exerçant une action en justice. Des modifications notables surgiront pendant la monarchie franque et s'étendront aussi bien du point de vue tarifaire que légal. Au plan de la tarification, elles varient suivant plusieurs critères dont notamment les circonstances de l'infraction et la qualité de la victime. Le taux de variation devait être déterminé par les lois barbares grâce à des barèmes appelés wergeld[43] pour les cas de meurtre. Par exemple, « *d'après la loi salique[44], le meurtre d'une antrustion, c'est-à-dire d'un fidèle de l'entourage du roi, tué dans sa maison par une bande armée exigeait un wergeld de 1800 sous d'or, tandis que le wergeld dû pour le meurtre d'un esclave n'était que de 35 sous d'or* »[45]. A cette époque, l'acquittement de la composition relevait d'une obligation. Son intérêt était de soustraire les coupables à la sauvagerie et à l'animalité auxquelles exposaient les comportements vindicatifs des victimes d'infraction. Avouons que le droit, de plus en plus, se formulait par degrés d'évolution attestant par ce fait même de l'avancée de la conscience juridique collective. Au cours de cette élaboration du droit, divers paliers avaient été franchis.

---

[43] Dans le droit germanique, chez les francs notamment, le wergeld est une indemnité que l'auteur d'un dommage payait à la victime ou à ses proches pour se soustraire à leur vengeance.
[44] La loi salique est un recueil de lois des Francs saliens, l'un des deux groupes formant le peuple germanique qui donna son nom à la France.
[45] M. ROUSSELET, op. cit., p.7.

Par surcroît, « *dans un dernier stade, l'état intervient pour décréter que certaines infractions sont des délits publics qui lèsent la société. Il supprime alors la composition pécuniaire comme auparavant il a fait table rase de la vengeance*»[46]. Dorénavant, était habilitée à faire prononcer la peine non plus la victime mais toute personne au nom de l'Etat. Le droit évoluera ainsi, lentement mais sûrement, de l'âge primitif jusqu'à l'âge moderne selon les couleurs que le temps et l'espace lui imprimeront.

3.2. LE DROIT DU XVIIIᵉ S. AVANT J.C. AUX TEMPS MODERNES

Voilà délimitée une vaste période de l'histoire de l'humanité à travers laquelle nous tenterons de repérer les grandes étapes de l'élaboration du droit. Une première section nous conduira du XVIII s. avant J.C. aux temps barbare et wisigothique, d'une part, et du Moyen Âge au temps moderne, d'autre part.

3.2.1. DU XVIIIᴱ S. AV. J.C. AUX TEMPS DES BARBARES ET DES WISIGOTHS

Juste avant le XVIIIᵉ s., le roi **Ur-Nammu** nourrissait l'envie d'édicter une loi en faveur des couches les plus défavorisées de la société. Guidé par cette noble intention, il parvint à établir un code pour que «*l'orphelin ne devînt pas la proie du riche, la veuve la proie du puissant, l'homme d'un sicle la proie de l'homme d'une mine*»[47]. Il fallut attendre un siècle pour que le code d'Hammourabi, qui avait été pendant longtemps tenu pour le premier code en date, s'assigne pour tâche l'organisation rationnelle de la société. Les rapports humains et les situations sociales devaient être évaluées à l'aune de ses 300 articles. La loi du talion y était présente et servait parfois de norme pénale. Le code d'Hammourabi contenait aussi un droit de la femme plus ou moins élaboré dans le sens de la reconnaissance aux femmes d'une personnalité juridique. Le droit progressait efficacement, peut-on s'exclamer avec beaucoup de satisfaction. Mais il manquait une synthèse de tous ses éléments constitutifs qui, dans le temps, semblaient éclatés et épars. Des années plus tard, les grecs en avaient eu l'heureuse intuition. Ils tentèrent de concilier et d'unifier les différentes composantes du droit. La suite du temps avait été dominé par une série de théories sur la loi soutenues par des politiques et des philosophes. Nous en retenons trois : **Solon** et la théorie égalitaire des lois ; **Platon** et l'absolutisation de la

---

[46]M. ROUSSELET, op. cit., p. 8.
[47] R. BOYER, "*Notre droit a-t-il encore un avenir ?*", in : *Lumière et vie* n° 102, p.13.

loi ; *Aristote* et la praxis de la loi. Pour **Solon**[48], la loi est égale autant pour les riches que pour les pauvres. Malgré son effort louable dans le domaine juridique, **Solon** avait maintenu le régime censitaire, "*système dans lequel le droit de vote est réservé aux contribuables versant un montant minimal (cens) d'impôts*"[49].A la question de savoir qui, de l'homme ou de l'autorité, est principe de la loi, **Platon** et **Aristote** avaient développé chacun sa théorie au moment où les sophistes se heurtaient contre l'hésitation. **Platon**, lui, pensait que le gouvernement est l'émanation de tous les citoyens. Il l'identifie donc à la loi et en conclut que cette dernière tend à devenir absolue. **Aristote**, quant à lui, croyait que le gouvernement est à considérer sous l'aspect de la liberté qu'il signifie plutôt que de l'autorité qu'il exerce. Il lui confère pour cela un caractère pratique de droit objectif. Nous pouvons, en guise de récapitulation partielle pour cette période, affirmer que « *d'une manière générale, (...), le grecs ont exalté la personnalité, mis en valeur la conscience jusque dans ses conflits avec la loi générale, cultivé la liberté en prônant la sagesse et en combattant les tyrans*»[50]. Les indices de l'évolution du droit ne sont donc plus à énumérer. Nous n'avons qu'à nous en convaincre au regard des preuves que nous fournissent les différents passages d'un siècle à l'autre. Cependant, «*avec les barbares, nous retombons au niveau du droit personnel. Il n'y a pas de droit commun mais des règles tribales* »[51]. Dans les faits, cela se remarque par le manque d'organisation étatique et l'inexistence d'un pouvoir politique dûment établi avec des promesses d'existence future et durable. Au temps des wisigoths, on observe un changement avec le Bréviaire d'Alaric[52], un ouvrage du roi des wisigoths, **Alaric II** (484-507) qui contient un ensemble de lois. A la charnière des VIIIè et IXè s., le roi **Charlemagne**, « *roi des Francs (768-814) et des Lombards (774-814), empereur d'Occident (800-814), de la dynastie carolingienne* »[53,] essaya de définir un droit positif, commun par combinaison d'éléments issus du droit germanique et du droit romain, dans ses capitulaires[54]. Dans sa pensée, la loi romaine est la mère de toutes les lois humaines. Il prophétisait, peut-être sans s'en rendre compte, sur le devenir du droit romain au Moyen Âge.

---

[48] Homme politique athénien (v. 640- v .558 av. J. C.), il est l'un des sept sages de la Grèce. Son nom reste attaché à la réforme sociale et politique qui provoqua l'essor d'Athènes. Il divisa les citoyens en quatre classes censitaires. Les riches accédèrent aux magistratures et les pauvres participèrent aux réunions de l'ecclesia et pouvaient siéger au tribunal de l'Héliée.
[49] *Le petit Larousse illustré en couleur*, p. 190.
[50] R. BOYER, op. cit. p. 15.
[51] Ibidem, p. 17.
[52] Le Bréviaire d'Alaric est un recueil de lois qui a été promulgué en 50.
[53] *Le petit Larousse illustré en couleur*, p. 1234.
[54] Acte législatif des souverains carolingiens, cf. *Le petit Larousse illustré en couleurs*, p. 175 .

3.2.2. oDU MOYEN ÂGE AU TEMPS MODERNE

Le Moyen Âge a revalorisé le droit romain et lui a conféré un caractère absolu et sacré. Cette mise en valeur du droit rentre dans le mouvement général de restauration et de progrès de l'Empire étalé sur toute la période. Au même moment, les légistes français réalisent une œuvre juridique à l'heure où le royaume capétien, « *dynastie de rois qui régnèrent sur la France de 987 à 1328, fondée par Hugues Capet* »[55], s'était affermi et l'autorité du roi consolidée. Mais il est étonnant que la renaissance juridique médiévale se soit vite noyée dans un absolutisme excessif au point de devenir une négation des libertés individuelles et de la norme de conscience. Cette dérive a été le fruit d'une subordination du droit à des principes absolus. Au bout du compte, le droit s'est mué en un instrument de torture dont les expressions les plus raffinées et les plus ordinaires avaient été les bûchers et l'Inquisition. Ainsi, la fin de l'Empire romain a vu dégénérer le droit en une machine d'oppression incapable d'organiser la vie des hommes. Toujours éveillée, la conscience collective réagit vivement pour libérer l'individu du spectre de l'autorité de droit divin. Elle s'est manifestée dans des figures comme **Guillaume d'Occam**, théologien et philosophe anglais, et **Marsile de Padoue**, théologien et théoricien italien. En héritant de leurs travaux, la Renaissance et la Réforme ont fini par délivrer le droit de ses attaches religieuses en le laïcisant. De là apparut une conception plus démocratique de la société avec, à la clef, le souci de la liberté et des droits personnels, le respect de la conscience individuelle. Le même effort s'était poursuivi au temps moderne par les philosophes encyclopédistes. Leur intention avait été de privilégier le rationnel par rapport au sacral. Alors ils mirent l'individu à la source du droit. Au stade moderne de son existence, nous assistons à la vitesse de pointe du droit dans sa structuration, signe que la conscience humaine a oeuvré inlassablement pour l'organisation de la vie sociale. Quelquefois elle y est parvenue en usant de force. En voyant cette évolution, **Robert BOYER** récapitule dans le même sens la période juridique moderne en ces termes : « *A l'orée du XIXè s., il semble qu'on ait réussi, par le moyen de la violence révolutionnaire, à renverser la conception médiévale du Droit et choisi de lui donner pour fondement l'exigence de liberté et d'égalité révélée par la nature humaine* »[56]. Mais le renversement de conception que constate cet auteur ne s'est pas seulement réalisé entre le Moyen Âge et le temps moderne. Il a, comme nous l'avons souligné dès le début, commencé depuis le stade primitif de l'existence du droit. Il faut donc le situer entre la société de type primitif et la société de type moderne. A la première correspond une nouvelle figure étatique appelée l'état de droit. Nous sommes persuadés que l'Etat de droit est le fruit de toute

---

[55] Cf. *Le petit Larousse illustré en couleur*, p. 1219.
[56] R. BOUYER, op. cit., p. 18.

l'élaboration intensive du droit à travers l'histoire de l'humanité. Il est donc un héritage juridique multiséculaire référentiel pour tous les peuples de tous les temps et devrait être la garantie de la bonne gouvernance et du respect des libertés individuelles. Or, la suite de l'histoire des peuples a révélé que le monde moderne et surtout contemporain a vu renaître un phénomène social qui remet en cause tout l'héritage juridique des siècles passés : la justice populaire. Explorons-en la manifestation au Congo et au Bénin.

Chapitre 4 : Le phénomène "justice populaire" au Congo et au Bénin

La République Démocratique du Congo et la République du Bénin sont deux Etats de droit. Pourtant, dans l'un comme dans l'autre de ces deux pays démocratiques, la justice populaire a fait ravage et eu du succès. Si en R.D.C., la justice populaire s'est déchaînée contre les populations dès 1987, il faut attendre 1995 pour que le Bénin en connaisse les plus forts et rudes assauts. Dans chacun de ces deux états, la justice populaire a été cruellement appliquée et s'est installée comme première procédure judiciaire privée et structurée avec toute la barbarie qui l'accompagne. Poursuivons-en les traces d'abord au CONGO.

4.1. MANIFESTATIONS DE LA JUSTICE POPULAIRE EN R.D.C[57]

Le peuple congolais, si l'on fait foi à l'appréciation des experts, est un peuple qui attache un grand intérêt à la justice et qui y aspire ardemment. En effet, «*il attend de ses dirigeants qui ont pris le pari de reconstruire la nation, d'y installer un Etat de droit, de bonne gouvernance*»[58]. Mais on ne saurait évoquer la justice en R.D.C. sans faire appel à la justice populaire puisque dans la lutte contre la criminalité, l'injustice et toute atteinte à sa dignité et à ses droits, le peuple congolais a basculé du côté de l'atrocité. La justice populaire, en effet, est rentrée dans la vie courante en prenant différentes couleurs.

4.1.1. LES DIVERSES FORMES DE JUSTICE POPULAIRE

Elles se déterminent à partir des techniques ou modes opératoires empruntés par les acteurs. Une enquête menée par *Mutunda MWEMBO*[59] en donne un large répertoire : lynchage, mutilation, vengeance, lapidation, supplice du collier, bûcher et mise à mort, pour ne citer que

---

[57] République Démocratique du Congo.
[58] M. MWEMMBO, op. Cit., p. 45.
[59] Professeur ordinaire à l'Université de Kinshasa en département de philosophie.

ceux-là. Certaines autres pratiques sauvages viennent noircir davantage ce triste tableau. Une pratique propre aux katangais (populations du Sud), consiste soit à remplir de pétrole les pavillons auditifs du voleur, soit à loger un clou dans sa tête. L'autre ne s'insère pas dans le répertoire technique pratique mais plutôt dans un registre d'occultisme où des formules de malédiction instaurent une atmosphère symbolique d'enterrement et de crucifixion, de harcèlement au moyen d'épouvantails, puis de diabolisation... L'une ou l'autre de ces techniques servent à régler les différends financiers à plusieurs niveaux : les locataires insolvables sont violemment expulsés, les consommateurs insolvables (débits de boisson, restaurants) sont lamentablement torturés et lynchés. Aussi choisit-on d'y recourir pour se venger d'un tort subi comme c'était souvent le cas à Kimwenga. Dans cette région, l'enseignant qui punit corporellement un élève subissait les attaques de l'expédition vindicative entreprise par la famille de l'élève. On se souvient qu'en 1996, un instituteur de l'école primaire de la localité en avait fait les frais en perdant même sa femme enceinte après l'opération. Les mêmes moyens sont employés par des gens qui prétendent corriger les auteurs d'adultère, de vol, de maraudage, de détournement de mineur ou de fiancés qui subissent sans pitié la lapidation ou l'ablation d'une oreille ou d'une main ou même l'imposition de la charia. Cette hécatombe insolemment organisée n'épargne pas les sorciers. Pour le cas d'espèce, les victimes du drame sont ciblées dans une catégorie de personnes définie : des hommes et des femmes d'un certain âge présentant des traits caractéristiques concordants (cheveux blancs, yeux rouges qui inspirent la terreur). A cet effet, les kinois, traumatisés une fois pour toutes, oublierons difficilement l'épisode de Juin 1997 qui retrace la tragédie d'un homme et d'une femme brûlés vifs. Il y a enfin des formes de justice populaire qui entraînent et font se déclencher des conflits entre deux ou plusieurs clans. On les appelle les massacres vindicatifs interclaniques. Ils mettent en scène des clans qui se déclarent la guerre pour résoudre les conflits qui les opposent l'un à l'autre à propos du pouvoir ou de propriétés foncières. Une guerre semblable avait mis aux prises les forces vives des Bena Kapuya et celles des Bena Muembia au Katanga (Kasaï oriental). Elle avait engendré en septembre 1986 des massacres et des incendies vindicatifs entre deux clans. Un ou deux ans plus tard, les habitants de Mankamba avaient tué un chasseur d'un autre village (Kitenge) qui venait de blesser une antilope. Pour se venger, les frères du chasseur avaient détruit et brûlé le village des meurtriers. Autant de faits qui interpellent notre conscience et qui méritent d'être diagnostiqués.

4.1.2. ANALYSES ET CONCLUSIONS

Les analyses que nous ferons de la situation seront fondées sur les causes de la montée du phénomène au Congo. Parmi les principales, figure en bonne place l'ignorance de la loi. Nombreux sont les citoyens congolais qui exploitent à leur propre profit l'argument de la méconnaissance de la loi pour promouvoir et appliquer l'auto-justice. Dans le lot, certains s'appuient sur le droit qu'ils ont de sauvegarder leurs droits et ne croient plus devoir se situer par rapport à la légalité. Il est tout à fait légitime de connaître et d'affirmer ses droits vis à vis des autres. Mais il est aussi impérieux de reconnaître aux autres leurs droits pour que justice soit faite. D'autres, par contre, connaissent parfaitement la loi mais feignent de l'ignorer en choisissant délibérément de la méconnaître afin de pratiquer leur justice. Ceux-là, nous semble-t-il, sont aussi coupables et devraient pour ce faire répondre de leurs actes. L'une des causes est relative à la mentalité selon laquelle il existe un domaine privé que ne doit franchir ni la justice, ni la loi, ni le droit officiels et un domaine public qui leur est réservé. Du coup, on marque pernicieusement une séparation entre les deux instances pour avoir la possibilité de se faire justice sans être ni contredit, ni inquiété ni poursuivi. Nous ne voulons pas croire que cette mentalité est un legs de la société occidentale car, avant même la colonisation, les peuples africains étaient fortement imprégnés de droit. Nous ne pouvons non plus comprendre que c'est une mentalité ancrée dans la coutume africaine. En effet, la notion de collectivité chez les africains est si forte que les problèmes personnels ne peuvent se résoudre par des démarches privées. Ils mobilisent nécessairement les chefs de collectivité et sont objet de longs pourparlers. Il reste donc à en rechercher la vraie origine. Pour l'heure, nous suivrons les traces de la justice populaire au Bénin.

4.1. MANIFESTATIONS DE LA JUSTICE POPULAIRE AU BÉNIN

Nous ne prétendons pas décrire en quelques pages un phénomène qui a suscité beaucoup de remous et mobilisé les mass média. Nous voulons simplement faire toucher du doigt la réalité qu'il évoque en procédant, d'une part, à une synthèse des faits qui l'authentifient et d'autre part, nous esquisserons des analyses juridiques à partir de ces faits afin de dégager les conclusions qui s'imposent.

4.2.1. SYNTHESE EVENEMENTIELLE

D'entrée de jeu, nous faisons remarquer que la fin du deuxième millénaire au Bénin a été particulièrement marquée au Bénin par des cas de justice populaire alarmants. La plupart se rattachent à une personne devenue brutalement célèbre à cause du grand rôle qu'il a joué, en établissant des troupes formées sur le tas pour appliquer sa justice. Il est populairement connu sous le titre de *''Colonel civil DEVI''*[60]. Pour avoir une large vue sur le phénomène, nous en identifierons les chefs d'accusation et les procédés employés.

a- Les chefs d'accusation.

Pour la majorité des cas, le chef d'accusation est le vol sous ses différentes formes. La stratégie habituelle consiste en un cambriolage organisé par une bande armée de larcins contre une maison ciblée à l'avance, puis le vol opéré par une seule personne . Des informations précises nous sont procurées par les journaux de la place à propos de l'objet des vols qui ont conduit leurs auteurs à subir la vindicte populaire. Nous les avons sériés en catégories. Il y a d'abord les cas de vol d'animaux : (poulet, boeuf, porc), ensuite les cas de vol de moyens de déplacement (moto Mate), et enfin les cas de vol d'objet de valeur (un poste téléviseur, une antenne T.V.5). Il y a eu par ailleurs une fois ou l'autre vol d'organes humains : celui perpétré à Pira dans la sous-préfecture de Bantè en 1995 est un exemple. Les auteurs n'avaient pas été appréhendés par les populations prêtes déjà à les soumettre à la rude épreuve de la calcination pour se venger. Des circonstances ont constitué des motifs de culpabilisation pour recourir à la justice populaire ; par exemple le viol et les accidents de route. A titre illustratif, nous rappelons simplement la mort d'un conducteur de véhicule accablé par les coups des populations, pour avoir causé involontairement la mort d'un piéton qui traversait imprudemment la chaussée vers Sèhouè, dans la sous-préfecture de Toffo. Voilà autant de situations que les hommes exploitent pour infliger à leurs semblables des sanctions incommensurables par des moyens inimaginables.

---

[60] Originaire du village Loko Atoui de la commune de Gohomey, dans la sous-préfecture de Djakotomey, il a pour nom Ehoun Zinsou DEVI. Âgé de 45 environ lors des événements, et marié à 6 femmes, il sortit de sa réserve vers mi-juin 1999 avec sa milice pour régler les cas de vols à mains armées, meurtres crapuleux et tous les crimes du même genre qui agitaient les populations du Mono et du Couffo. Dévi, soucieux d'apaiser les populations apeurés par les malfrats, brûlait vif tout malfrat révélé comme tel et capturé. Il avait du succès auprès des populations qui l'ovationnaient et trouvaient en lui leur messie.

b- Les procédés

Les méthodes d'exécution de la justice populaire sont plurielles. La première, moins populaire, consiste dans l'empoisonnement par injection d'urine. Ce procédé est le moins violent et le moins atroce mais il n'est pas moins virulent. Il se pratique très peu. Habituellement, les gens aiment exposer l'inculpé au spectacle ahurissant et ignominieux du châtiment corporel inhumain. C'est ce que certains nomment "*passage à tabac*" et dont ils décrivent la structure : « *dès lors que les populations sont alertées par ce cri : ô voleur , elles se mobilisent pour arrêter la victime. Aussitôt fait, cette dernière est passée à tabac. En effet, on exerce sur lui des violences de toutes sortes dans la mesure où devant ce groupe d'individus qui le maîtrisent, il se trouve sans défense* »[61]. Tout part donc d'un cri d'alarme qui mobilise la foule prête au "carnage". En général, trois moyens d'exécution sont utilisés. Soit la victime est brûlée vive, et c'est le cas le plus fréquent, soit elle est passée à tabac par le procédé sus-indiqué. Les foules se servent pour la circonstance d'instruments de torture de tout genre : lanières bâtons, barres de fer, gourdins, machettes ou coupe-coupes. Parfois, on rase sauvagement la tête de la victime avec des tessons de bouteilles et on le blesse sur tout le corps au moyen de lames et de couteaux avant de le lyncher et de le laisser périr lamentablement. Des scènes inqualifiables en résultent. Un seul cas de figure suffit pour nous le signifier : le 26 août 1995, sur la place publique d'Atchoukpa dans la sous-préfecture d'Avrakou, il était exposé le corps d'un voleur préalablement ligoté et battu à mort. Il ne serait pas inutile d'éclairer tous ces faits survenus au Bénin à la lumière de la raison pour en évaluer la portée juridique.

4.2.2. ANALYSES ET CONCLUSIONS

La question fondamentale et légitime qu'il faut se poser est de savoir les raisons de ce retour de la justice populaire dans les mœurs des peuples. Pour le cas du Bénin, plusieurs analyses ont été faites de la situation pour en décrypter les causes. Nous les évoquerons en y portant notre regard critique.

Les causes de la justice populaire sont attribuées à deux instances : l'Etat et les populations. En ce qui concerne l'Etat, les causes énumérées dénoncent le mauvais fonctionnement de l'appareil judiciaire. Il est dû aux délais fixés par les textes. Selon l'article 54 du Code de procédure pénale, l'officier de police rédige les procès verbaux sur le champ[62]. Mais, habituellement, les agents mettent du temps à assurer leur devoir dans ce sens. A cela, il

[61] I. TE-YERI OUOROU, A. TOURE, op. cit., p.28.
[62] Cf. Ordonnance n° 25-PR/MJL du 27 août 1967 portant Code de Procédure pénale, citée par I. TE-YERI OUOROU, A. TOURE, op. cit., p. 9.

faut ajouter que c'est au juge d'instruction qu'il revient de fixer le délai de dépôt des procès verbaux, à en croire l'article 135 du même code. Usant de l'étendue de leur pouvoir, les juges d'instruction ne diligentent guère la fixation des délais. Par conséquent, la procédure est bloquée à un niveau donné. Rien ne parvient à temps au procureur de la République. Dans le même temps, la constitution prévoit que « *nul ne peut être détenu pendant une durée supérieure à quarante huit heures que par la décision d'un magistrat auquel il doit être présenté. Ce délai ne peut être prolongé que dans des cas exceptionnellement prévus par la loi et qui ne peut être une période supérieure à huit jours* »[63.] C'est, à notre sens, la fidélité à cet article qui explique la libération des détenus. Certains en concluent hâtivement qu'il s'agit d'un laxisme de l'administration judiciaire. L'erreur, pour nous, est à corriger au niveau de la lenteur des procédures. Or la lenteur subsistera toujours tant que les textes maintiennent les amendes imposées au coupable. En parcourant le code pénal français dont s'inspire celui du Bénin[64.] on relève une peine de 3 mois à 3 ans d'emprisonnement et 1000 FF à 20000 FF si le vol est commis avec violence ou grâce à une effraction extérieure ou intérieure, ou d'une escalade, ou de fausses clefs ou de clefs volées ou d'une entrée par ruse dans un local d'habitation ou un lieu où sont conservés des fonds valeurs, marchandises ou matériels[65.] La bourse d'un voleur de poulet ou de porc (un simple vol) n'est certainement pas à la hauteur de sommes si importantes. Du côté des populations, deux raisons principales motivent les élans vers la vindicte populaire. Elle traduit, pense-t-on, le besoin de sécurité. Il est vrai que les guerres privées déclenchées contre les malfrats avec le système de l'autodafé ont, pour un temps, servi de mesure préventive aux malfrats potentiels qui attendent de s'illustrer par leurs actes délictueux. Au même moment, cette procédure judiciaire a porté au niveau national le climat d'insécurité et est d'ailleurs devenue, aux yeux de toute la nation, un moment de turbulence et d'agitation remarquables. Le besoin de sécurité, loin d'être atteint, est plutôt renforcé. C'est ce qu'avait exprimé éloquemment la conférence épiscopale du Bénin dans un document publié pendant que la vindicte populaire battait son plain : «*Message des évêques du Bénin à l'occasion de l'insécurité grandissante dans le pays* »[66].

    Vu sous l'angle juridique, le recours à la justice populaire est perçu comme la méconnaissance ou l'ignorance de la loi. Nombreux sont ceux qui se fondent sur la thèse de l'analphabétisme à grande échelle au Bénin et en Afrique pour conclure que la présomption de connaissance des lois brutalement importées de l'Occident se heurte aux réalités africaines.

---

[63] *République du Bénin*, Constitution, art. 18, § 4.
[64] Le code de procédure pénale béninois existait sous une première édition le 7 août 1967 et une deuxième le 8 novembre 1982.
[65] Cf. art. 381-382 du Code Pénal français.
[66] Message publié le 19 octobre 1999 à Natitingou et cosigné par tous les évêques du Bénin.

Penser de cette façon l'attitude des africains vis-à-vis du droit nous semble être un grave tort causé à la capacité de l'Afrique de comprendre et de recevoir la droit. Le droit, dans cette optique, serait une invention de la civilisation occidentale, tout à fait étrangère aux réalités africaines. L'argument qui soutien ce point de vue n'est rien d'autre que les infractions massives perpétrées gravement contre les droits humains. Nous sommes évidemment tous conscients du fait : «*L'Afrique est loin d'avoir respecté les droits humains tout au long de son histoire...* »[67]. Cela n'implique pas l'inexistence de normes juridiques élaborées pour la vie des hommes dans la société. Avant même la colonisation, l'Afrique avait mis au point des droits qui régissaient nombre de secteurs vitaux. Limitons-nous aux domaines biologique social et culturel d'où **Joseph KI-ZERBO** relève avec satisfaction "*une constellation de droits humains*''. Il fait remarquer que «*l'interdiction de verser le sang humain était considérée comme une prescription éminente sanctionnée solennellement ; , de même en ce qui concerne la torture même avant de dépouiller un arbre d'une branche ou d'une écorce ou des racines pour en faire un remède, le guérisseur africain se recueillait et lui demandait pardon d'avoir à le mutiler. Le cannibalisme rituel, ou pour nécessité de survie, a existé ici ou là en Afrique comme dans tous les autres continents. Mais l'interdiction de verser le sang humain était considérée comme une prescription éminente sanctionnée solennellement, de même en ce qui concerne la torture*"[68]. En général, le droit en Afrique était exprimé par la coutume et, l'Etat africain pouvait légitimement recevoir déjà le titre d'Etat de droit. Dans le cas spécifique de la vindicte populaire au Bénin, la lutte contre le phénomène date de l'ère précoloniale. L'histoire du Dahomey nous apprend à ce propos que la tradition reconnaît à **HOUEGBADJA**, le 2ème roi, le privilège «*d'avoir édicté les premières lois qui interdisent dans les tribus soumises aux Alladanou, non seulement la vengeance individuelle, mais aussi l'exercice de toute autre justice que la sienne*»[69]. L'expression de la vindicte populaire, nous venons de le constater avec sa manifestation au Congo et au Bénin, a été intense au moment où l'Etat de droit devait régner en maître au sein des populations. Après l'avoir entrevue dans ses manifestations, nous l'examinerons à présent à la lumière de la réalité de l'état de droit.

---

[67] J. KI-ZERBO, *Les droits de l'homme en Afrique,* in : *Spiritus* n° 144, p. 303.
[68] Idem.
[69] LE HERISSE, *L'ancien royaume du Dahomey,* Larousse, Paris 1911, cité par V. GBENOU, op. cit., p. 11.

Chapitre 5 : JUSTICE POPULAIRE ET ETAT DE DROIT

De par la manifestation de la justice populaire, nous pouvons en dégager les caractéristiques. La même démarche sera menée en ce qui concerne l'Etat de droit. Nous réfléchirons ensuite sur les bases juridiques et éthiques qui fondent l'état de droit. Le but de notre étude à travers toutes ces démarches est de démontrer comment la référence à la justice populaire comme procédure judiciaire constitue une négation radicale des objectifs de l'Etat de droit.

5.1. FONDEMENTS JURIDIQUES DE L'ÉTAT DE DROIT

La considération de la société humaine dans l'Etat de nature nous permettra de définir à sa juste valeur l'Etat de droit. L'idée qui a prévalu et poussé à la constitution de l'Etat à partir du pacte social est la même qui confère à l'Etat de droit son essence et son sens profond. En réalité, la vie des hommes à l'Etat de nature était telle que les libertés individuelles pouvaient s'exprimer aux dépens de la vie des autres. Chacun pouvait déployer sa force contre l'autre sans avoir à se justifier à personne. Aucune disposition n'existait pour garantir la sécurité et alors, l'insécurité régnait en force. Il fallait quand même que chacun conserve sa vie. L'instrument privilégié pour y parvenir était la résistance par la force. Malheureusement, cette situation ne pouvait perdurer sans que tous périssent. De là est née l'idée d'un pacte social. *ROUSSEAU* en énonce les termes : « *trouver une forme d'association qui défende et protège de toute la force commune la personne et les biens de chaque associé, et par laquelle chacun s'unissant à tous n'obéissent pourtant qu'à lui-même et reste aussi libre qu'auparavant.* »[70]. Ainsi le désordre est résorbé et la vie en société se fonde sur des principes régulateurs qui prennent racine dans le droit.

Si l'Etat de nature est le résultat d'une société sans normes définies, l'Etat de droit implique, quant à lui, tout un arsenal juridique instauré comme principes d'ordre. Nous pouvons donc souscrire à la conception selon laquelle l'état de droit désigne, «*en un sens restreint, (le nom) que mérite seul un ordre juridique dans lequel le respect du droit est réellement garanti aux sujets de droits*»[71]. Un tel état implique, et repose d'abord sur, le fait que la relation qui lie désormais les membres d'une même société est d'ordre juridique. En un mot, l'état de droit crée des sujets de droit.

---

[70] J. J . ROUSSEAU, op. cit., p. 51.
[71] G. CORNU (dir.), *Vocabulaire juridique*, publié par l'Association Henri Capitant,
cité par E . HOUNDEKON, in : *Le principe d'ingérence humanitaire en droit international*

5.1.1. L'HOMME : SUJET DE DROIT DANS L'ETAT DE DROIT

Dans un Etat de droit, les hommes ne sont plus à considérer sous l'angle d'un rapport dialectique fait de force et de violence. Ici, la force cède sa place au droit : « ... *Force ne fait pas droit...* », disait *ROUSSEAU*[72]. Les hommes mènent désormais leurs actions dans les limites des règles établies. Il n'est plus permis à chacun d'agir selon son bon vouloir parce que "*le droit du plus fort*" risque de l'emporter dans les rapports sociaux. Ce n'est pas pour autant que les libertés individuelles sont annihilées et étouffées. Chacun, dans l'Etat de droit, jouit fondamentalement de sa liberté. Mais étant entendu que le droit a pour vocation d'organiser les relations sociales, il canalise les libertés qui tendent à s'exprimer au mépris des autres. Dans un Etat de droit, tous les hommes sont soumis à la règle de droit et tous, également, jouissent a priori des prérogatives et des privilèges issus du droit. Concomitamment, l'Etat de droit prévoit des obligations que chaque sujet de droit est appelé à honorer. Ce paramètre est souvent délaissé car, ordinairement, les hommes aiment connaître beaucoup plus leurs droits. Ils ne s'embarrassent pas souvent de leurs devoirs. L'une des obligations dont il faut tenir grand compte en tant que sujet de droit, c'est la reconnaissance des droits de l'autre. Dans la pratique, chacun se base sur les multiples possibilités que lui offrent ses droits et, dans les rapports avec les autres, ignore que ce dernier a, lui aussi, des droits à faire valoir. Cela a généré le plus souvent des injustices incalculables.

En définitive, l'Etat de droit est basé sur la réalité fondamentale que les hommes sont des sujets de droit et que, de par cette qualité, ils ont la garantie que leurs droits sont respectés.

5.1.2. LE RESPECT DU DROIT

L'Etat de droit exige le respect des règles établies pour le bon ordre social. Ceux qui sont tenus de se conformer à cette exigence sont en premier lieu les sujets de droit. Dès que le droit est connu et respecté, la sécurité règne pour tous. Le moyen le plus sûr pour respecter le droit est, dans la ligne de la pensée de *ROUSSEAU*, la transformation de l'obéissance en devoir dans toutes les circonstances. Il ne s'agit pas d'une obéissance aveuglante qui anémie et obscurcit les droits individuels. C'est pourquoi le respect du droit n'ignore pas la possibilité pour les sujets de droit de recourir à la justice pour réclamer leurs droits lorsqu'ils les sentent bafoués. En cela l'état de droit a une valeur éminente. Il n'est donc pas surprenant si «*nous sommes persuadés que la réalité de l'Etat de droit ne trouve sa vraie consistance que dans la*

---

[72] *J. J. ROUSSEAU*, op. cit., p.45.

possibilité offerte à tous les sujets de droit d'agir en justice pour faire valoir leurs droits et pour obtenir la réparation des préjudices subis. Ce faisant, ils éveilleront les bases juridiques sur lesquelles repose le pacte social et se libéreront de la résignation à subir la méconnaissance de leurs droits intangibles et d'autres injustices...»[73]. En second lieu, le respect du droit relève aussi de la responsabilité des pouvoirs publics. Il leur faut se soumettre à tout prix au respect de la légalité pour se rendre crédibles et pour donner toute sa valeur au principe d'Etat de droit. A d'autres égards, l'Etat de droit s'arc-boute sur des réalités éthiques.

5.2. FONDEMENTS ÉTHIQUES DE L'ÉTAT DE DROIT.

Par fondements éthiques de l'Etat de droit il faut comprendre les principes moraux qui donnent tout leur sens à la réalité et au message que véhicule l'Etat de droit. Ils sont liés à la personne humaine en tant que agissant en vertu non seulement de ses droits et devoirs mais surtout pour sauvegarder l'intégrité de l'humanité qu'il partage avec ses pairs. Ces principes correspondent aux valeurs que l'on cherche à préserver en insistant sur la dignité de l'homme.

Etant, de par son origine, un être sacré, l'homme a besoin d'être protégé dans la société.

5.2.1. LA VALEUR SACRALE DE L'HOMME.

L'importance inégalable de la personne humaine le place au-dessus de tout et lui confère une valeur exceptionnelle et irremplaçable. Le caractère sacré que nous lui attribuons en répond parfaitement. Le sacré, du point de vue religieux, est entouré de soin et inspire une peur presque morbide ou, pour le moins, craintive. Il faut s'en approcher avec déférence et circonspection, prudence et pureté, respect et adoration absolus. De la même façon, l'homme est à considérer sous l'angle de sa valeur sacrale non pour être adoré mais pour mériter qu'on lui accorde sa vraie place. Bafouer l'homme et sous-estimer sa valeur amène à nier sa dignité. Dans certaines cultures, la dignité de la personne humaine donne lieu à une éthique qu'elle fonde. Elle est d'autant plus importante qu'elle est basée sur des mythes anciens. L'un d'eux, voulant démontrer *«l'éminente dignité de la personne humaine »*[74,] rapporte que Dieu a créé l'homme pour se donner un interlocuteur. De plus, Dieu, *« après avoir créé les êtres du règne végétal et animal, s'est posé la question suivante : ''pour qui luira le soleil ?''. Et c'est alors qu'il créa l'homme pour que le soleil, la nature aient un sens...*[75]*»*. Il faut donc porter sur l'homme un

[73] E. HOUNDEKON, op. cit., p.211
[74] Cette expression est de Joseph KI-ZERBO.
[75] J. KI-ZERBO, op. cit., p. 308.

regard plein d'honneur et de dignité comme le requiert l'Etat de droit quand il établit ses bases éthiques sur le socle de la dignité de la personne humaine. Aussi, dans l'Etat de droit, l'homme a-t-il besoin d'être protégé.

5.2.2. LA PROTECTION SOCIETALE DE L'HOMME

Dans la société, l'homme n'est pas a priori exempt des menaces extérieures qui constituent des forces perturbatrices de sa quiétude. Face à ses semblables, il est toujours exposé aux mésaventures sus-citées à cause de la recherche des intérêts particuliers dont ils font souvent preuve. A tout moment, l'homme est donc vulnérable. Sa vie est en perpétuel danger si aucune force supérieure ne s'interpose pour le défendre. L'Etat de droit, à ces moments critiques de l'existence humaine, fait intervenir une force supérieure qu'incarne le pouvoir public chargé d'assurer la vie de l'homme en le protégeant. Ce faisant, l'Etat de droit solidifie ses bases éthiques et prend de la consistance. Cependant, dans son rôle de protection, le pouvoir public établi par l'Etat de droit devra éviter l'écueil de l'abus. Pour prévenir les dangers du genre, **Montesquieu** a conseillé la limitation du pouvoir dans la célèbre formule « *il faut que le pouvoir arrête le pouvoir* »[76]. La mentalité africaine détient, elle aussi, une très vive conscience des dérives que le pouvoir est capable d'occasionner en méprisant l'homme au lieu de défendre ses droits. Elle a, pour pallier au déchaînement de la charge de violence potentielle contenue dans le pouvoir, trouvé un moyen approprié : amener les chefs à prendre la résolution de s'engager à ne pas abuser du pouvoir. Ce que fit **Prempeh** II[77] en 1931 dans son serment d'investiture : « *C'est à moi que vous avez offert le fusil. Si je ne vous protège pas et ne gouverne pas correctement comme l'ont fait mes ancêtres, je viole le grand serment* »"[78]. Nous voyons par là comment la protection de l'homme figure parmi les assises que se donne de poser l'état de droit. Il nous faut indiquer, au regard de ses fondements juridiques et éthiques, les indices qui prouvent que la justice populaire dans un Etat de droit crée une situation de crise.

5.3. INCOMPATIBILITÉ DE LA JUSTICE POPULAIRE ET DE L'ÉTAT DE DROIT

Les acteurs de la justice populaire sont loin de réaliser l'inopportunité et l'illégalité dans lesquelles s'installent leurs démarches. Ils se prennent pour des promoteurs de l'ordre social alors qu'ils n'en sont que des pourfendeurs. La justice populaire est non seulement un

---

[76] Montesquieu, *L'esprit des lois*, cité par J. KI-ZERBO, op. cit., p.309.
[77] Roi des Ashanti, intronisé en 1931 et mort en 1970.
[78] J. KI-ZERBO, op. cit., p. 310.

facteur de trouble social mais elle constitue une grande crise judiciaire au sein de l'Etat de droit. Elle nie littéralement son existence aussi bien dans ses résultats que dans sa méthode.

5.3.1. LES INCOMPATIBILITES LIEES AUX METHODES.

Elles se rencontrent dans les caractéristiques de la justice populaire. Soulignons d'abord son triple aspect impulsif, expéditif et sommaire. Une fois la foule ameutée et excitée, le présumé coupable est jugé et sanctionné sur-le-champ au lieu d'une démarche d'enquête, d'un procès et d'une sentence que l'Etat de droit prévoit en cas d'infraction. Il y a ensuite les marques de spontanéité, d'anonymat et d'impersonnalité qui entourent les méthodes d'application de la justice populaire. Ceux qui agissent le font de leur propre chef et se font aider de personnes qu'il est difficile, voire impossible, d'identifier. La méthode est dans sa globalité aux antipodes de la procédure judiciaire dans l'Etat de droit où des personnes sont mandatées et invitées à rendre des comptes dans des rapports rédigés. Notons enfin l'usurpation de fonction dont est revêtue la méthode d'action des acteurs de la justice populaire. Ils s'érigent en juges bien que dépourvus de toutes les qualités que suppose cette tâche. Or, l'Etat de droit autorise seulement que l'on fasse recours à la justice en faisant foi au rôle du pouvoir public. Ainsi, dans les méthodes mises en place pour appliquer la justice populaire, tout contredit l'Etat de droit dans son essence. Il en est de même avec les résultats.

5.3.2. LES INCOMPATIBILITES LIEES AUX RESULTATS

Dans leur ensemble, les résultats sont désastreux quelle que soit la méthode employée. Ils donnent un visage de la société tel que l'Etat de droit perd sa consistance dans son double fondement juridique et éthique. D'un côté, le présumé coupable, sujet de droit, se trouve privé de tous ses droits. Les circonstances ne lui donnent nullement le temps de les réclamer. Il ne se fait d'ailleurs entendre de personne. De l'autre, le coupable est réduit à un état d'animalité passible des traitements les plus ignobles qui déshonorent publiquement l'humanité. Finalement, la justice populaire prive l'homme de sa dignité pendant que l'Etat de droit cherche instamment et inlassablement à l'y maintenir. Au demeurant, la justice populaire est fondamentalement incompatible avec l'Etat de droit, car son application en sape les bases et le remet en cause. En témoignent les conséquences juridiques et éthiques qui en découlent et qui provoquent les réactions non seulement des Etats, mais aussi à une échelle plus élevée, de la communauté internationale.

TROISIÈME PARTIE :

JUSTICE POPULAIRE DANS L' ÉTAT DE DROIT ET LA COMMUNAUTE INTERNATIONALE

Dans l'Etat de droit, la justice populaire n'a pas sa place car dans son déploiement, elle trouble l'ordre social et empêche à l'Etat de droit de faire fonctionner ses principes. Nous en ressentirons les effets en scrutant ses implications juridico-éthiques et l'attitude de la communauté internationale face à son évolution.

Chapitre 6 : Implications juridiques et éthiques de la justice populaire

Le préambule de la Constitution de la République du Bénin proclamait la volonté du peuple béninois de « *créer un Etat de droit et de démocratie pluraliste dans lequel les droits fondamentaux de l'homme, les libertés publiques, la dignité de la personne humaine et la justice sont garantis, protégés et promus comme la condition nécessaire au développement véritable harmonieux de chaque béninois tant dans sa dimension temporelle, culturelle que spirituelle* »[79]. Le souhait exprimé par cette constitution reflète l'objectif de toutes les autres. Mais l'émergence de la justice populaire constitue un obstacle dangereux pour la protection de certains droits fondamentaux de l'homme.

6.1. NÉGATION DU DROIT AU PROCÈS ÉQUITABLE

L'instrument juridique que nous emploierons ici émane directement de la *Déclaration Universelle des Droits de l'homme*[80] dont l'établissement constitue un élément de la constitution des Etats. Parmi les droits considérés comme les droits de l'homme, il y a «*ceux qui obligent le gouvernement à respecter la loi, la constitution, la justice (pas d'arrestation arbitraire, droit à un jugement équitable* »)[81]. Le droit au procès équitable comprend le droit à la présomption d'innocence et le droit à la défense.

6.1.1. LA PRÉSOMPTION D'INNOCENCE

La *Déclaration Universelle des Droits de l'Homme* en son article 11 dispose que « *toute personne accusée d'un acte délictueux est présumée innocente jusqu'à ce que sa culpabilité ait été établie au cours d'un procès public où toutes les garanties nécessaires à sa défense lui auront été assurées*". La justice populaire adopte une démarche totalement contraire à celle prévue par la loi et exprimée dans le présent article. Pour elle, le délit ou toute circonstance qui y prête suffit pour inculper et condamner l'individu. La sentence est rendue

---

[79]République du Bénin, *Constitution*, p. 4.

[80] Adopté le 10 décembre 1948 par l'Assemblée Générale des Nations Unies.

[81] *Dictionnaire de la pensée politique, Homme et idées*, p. 201.

sans délai pour que les forces de l'ordre ne s'immiscent pas dans le jugement précipité à dessein. Quelquefois, quand ils réussissent à surprendre les faits, les agents mandatés par la police judiciaire n'ont pas les mains libres pour agir. A y voir de près, la présomption d'innocence, dont la justice populaire est loin de tenir compte, a pour but d'authentifier les chefs d'accusation. Sa pertinence et son avantage sont perceptibles lorsque par moments, après des enquêtes, le présumé coupable l'était par erreur ou fausse dénonciation due à la jalousie d'un individu ou à un règlement de compte. Nous n'allons pas nier que plusieurs cas de justice populaire ont fait périr lamentablement des personnes reconnues innocentes ou ne possédant pas toutes leurs facultés. Même si elle semble faire traîner le processus de culpabilisation au grand dam des victimes, la loi de la présomption d'innocence est indispensable. Malheureusement, par nature et dans la pratique, la justice populaire y contrevient généralement. Le même article émet, dans sa finale, un autre aspect du procès équitable auquel la justice populaire déroge sciemment.

6.1.2. LE DROIT A LA DEFENSE

Il convient de relier la compréhension du droit à la défense à celui relatif au procès équitable. Si le dernier insiste sur le fait que toute personne soupçonnée ou prise en flagrant délit est innocente tant qu'elle n'a pas été condamnée par une juridiction compétente, le premier veut que toute personne accusée se défende pour prouver son innocence. Il est donc supposé que la justice de l'Etat est saisie de l'affaire et mène les démarches adéquates pour que le tribunal siège et joue son rôle intégralement. Il ne serait pourtant pas exagéré de situer le droit à la défense dans le contexte de l'arrestation. L'idéal aurait été que les agents de police interviennent tôt -et c'est leur devoir- pour défendre le présumé coupable contre les attaques de ses justiciers. Laissé à lui seul, il est sans défense et devient une proie facile. Mais cet idéal n'est souvent pas atteint quand les populations, déchaînées et furieuses, n'ont pour objectif que l'application immédiate de la peine de mort, même au prix de la brutalisation des agents mandatés pour jouer légalement leur rôle. Une fois que la première tentative de défense a échoué, la deuxième, qui offre au présumé coupable de se faire entendre publiquement et équitablement par un tribunal, reste une utopie. En dehors de ces remises en cause, il y en a qui touchent la dignité de l'homme.

6.2.   VIOLATION DE LA DIGNITÉ DE LA PERSONNE HUMAINE

La personne humaine, avions-nous fait remarquer, a une valeur éminente et, pour cela, peut être qualifiée de sacrée parce qu'elle inspire et mérite respect et considération. L'état de droit ne cessera pas de toujours y mettre un accent particulier. Mais la pratique de la justice populaire change tout le plan d'édification de la personne humaine en portant directement atteinte à sa vie et à son intégrité.

6.2.1.   LE DROIT A LA VIE

La vie de l'homme est ce qu'il possède et qui est le plus cher. Elle est si valeureuse que toutes les activités de l'homme visent à la garantir. L'homme est prêt, pour conserver sa vie, à éliminer tout ce qui contribue à la menacer. L'importance accordée à la vie est irremplaçable au point que l'on réalise que même si la vie ne vaut rien, rien ne vaut la vie. Le droit à la vie occupe la première place dans les déclarations de droits de l'homme[82]. Celle de 1948 le précise dans son article 3 : "*tout individu a droit à la vie, à la liberté et à la sûreté de sa personne*". Il accorde à l'homme une double garantie. Une seule intéresse notre contexte : le droit de n'être ni assassiné ni agressé physiquement et celui d'être protégé contre l'assassinat et l'agression. La dernière manche de l'alternative suppose l'intervention d'une force extérieure qui ne peut être que les administrateurs de la justice de l'Etat. Mais la justice populaire s'y substitue et agit par agression directe et violente de l'auteur des délits. Le résultat de l'agression montre qu'il s'agit d'un assassinat organisé sur fond de sadisme que l'on en ait préalablement conscience ou pas. Au total, avec la justice populaire, le droit à la vie ne s'inscrit plus dans le cadre des droits inaliénables. Il en est de même pour le droit à l'intégrité.

6.2.2.   LE DROIT A L'INTEGRITE

On pensera, à raison, essentiellement à l'intégrité physique. La loi de l'intégrité impose que l'homme ne soit pas menacé dans sa constitution physique. Au nom de sa dignité et à cause d'elle, l'homme mérite de ne pas être détruit atrocement dans son corps. C'est l'avertissement que la ***Déclaration Universelle des Droits de l'Homme*** lance à travers son article 5 : "*Nul ne sera soumis à la torture, ni à des traitements cruels inhumains ou dégradants*". Il nous semble nécessaire d'apporter une note particulière au spectacle affreusement présenté par les résultats de la justice populaire : un corps humain démembré ou

---

[82] Il y a eu, dans l'histoire, la Déclaration des Droits d l'Homme du XVIIIᵉ s. et du XIXᵉ s. Elles ont été réadaptées par d'autres au XXᵉ s., spécialement celle des Nations Unies de 1948.

calciné que l'on expose sur des places publiques. Il faut avoir du courage pour visualiser un spectacle si effarant. En même temps que l'homme, dans ce climat, est largement objet d'avilissement, ce sont sa liberté et sa sécurité qui sont remises en cause. En effet, au moment des faits, le présumé coupable perd sa liberté. Il n'a pas droit à la parole. Il est voué à la mort. De plus, personne ne peut s'insurger contre le traitement auquel il est soumis. Aucune barrière ne s'oppose à son exécution. Les constitutions des pays renferment pourtant des dispositions juridiques qui en font écho : «*Tout individu a le droit à la vie, à la liberté, à la sécurité et à l'intégrité de sa personne.* »[83]. Mais elles sont demeurées comme impuissantes face à la poussée vertigineuse de la justice populaire. L'émergence de ce phénomène malgré la bonne volonté de l'Etat de droit d'assurer la paix et la justice est généralement comprise comme un échec ou tout au moins une insuffisance remarquable de l'Etat de droit. Il importait donc à l'instrument juridique de prouver sa capacité de pouvoir surmonter les difficultés qui la compromettaient surtout que la justice populaire et les infractions assimilées commençaient à prendre une dimension internationale. Le droit lui aussi commence à s'internationaliser.

Chapitre 7 : Universalisation du système juridique

Le droit s'amplifie après avoir opéré sa propre maturation. Le processus a sans aucun doute été long et ardu mais le résultat est probant. La grande utilité qu'on en extrait est la possibilité de recours à des textes référentiels porteurs de sens pour dénouer les ''nœuds gordiens''. Nous admirons spécialement l'effort qui a fait aboutir aux conventions et au Droit International.

7.1. LES CONVENTIONS

Comme on pourrait s'y attendre, le terme ''convention'' nous amène à un niveau supérieur où les rapports en jeu incluent non plus seulement des individus d'une même société mais interpellent deux ou plusieurs Etats. La convention est l'accord officiel signé entre des individus ou des Etats pour reconnaître et respecter des principes déterminés. L'écrit ratificateur du document est aussi appelé convention. Son utilité et son urgence sont déterminantes pour une bonne coexistence entre les hommes. ***ROUSSEAU*** nous en dit long à ce propos : "*Puisque aucun homme n'a une autorité naturelle sur son semblable, et, puisque la force ne produit*

---

[83]République du Bénin, op. cit., art. 15.

aucun droit, restent donc les conventions pour base de toute autorité légitime parmi les hommes"[84]. Nous nous intéressons à celles de Genève.

7.1.1. LES CONVENTIONS DE GENEVE

Les conventions de Genève sont au nombre de quatre, conclus successivement en 1864, 1907, 1929 et 1949. Elles visent l'amélioration de la protection des personnes, particulièrement les blessés et prisonniers de guerre, les personnes civiles en temps de guerre. Il est vrai que le contexte est celui de la guerre et semble nous éloigner de notre sujet. Mais ne versons pas trop vite dans cette vision d'apparence. Nul n'ignore que quelle que soit la circonstance qui l'entoure, le problème est mêmement posé : comment garantir à l'homme ses droits fondamentaux et protéger sa dignité ?. Le lien circonstanciel nous paraît encore très suggestif lorsque nous constatons que les moyens employés de part et d'autre (la justice populaire et la guerre) conduisent à l'infliction de traitements déshumanisants aux personnes. C'est justement contre cette violence physique que les conventions cherchent à lutter. La disposition juridique la plus éloquente en la matière est d'ailleurs commune aux quatre conventions de Genève. La convention européenne l'a définie dans son article 3 : "*Nul ne peut être soumis à la torture ni à des peines ou traitements inhumains ou dégradant*". On y voit se profiler l'esprit de protection qui recouvre l'ensemble des articles des conventions de Genève. Pour les dix articles de celle de 1864, la mesure protectrice va à l'endroit du personnel des hôpitaux et ambulances, des secouristes et des blessés ou malades. Ils sont reconnus à partir d'un drapeau ou d'un brassard[85]. L'esprit dans lequel les conventions de Genève sont signées est donc entièrement humanitaire. C'est pourquoi les conventions peuvent recevoir la qualification de lois humanitaires. Dans le sillage des conventions, plusieurs autres dispositions juridiques ont été prises à Genève en 1977.

7.1.2. LES PROTOCOLES DE 1977

Les protocoles de 1977 sont des instruments juridiques internationaux issus d'une révision des 4 conventions de 1949. Ils sont au nombre de deux. Le premier (protocole 1), porte sur les conflits armés internationaux et le deuxième (protocole 2) sur les conflits non armés internationaux. L'affinité qu'ils ont avec les conventions de Genève leur ont valu le nom de protocoles additionnels aux conventions de Genève de 1949. Leur objet et leur but sont liés au

---

[84] J.J. ROUSSEAU, op. cit., p.45.
[85] Cf. Convention pour l'amélioration dus sort des militaires blessés, p.365

droit international humanitaire[86]. Ils le réaffirment et le développent dans plus de six cents dispositions. Tout en statuant sur le sort des victimes de la guerre en prévoyant les balises nécessaires pour leur protection, les protocoles de 1977 viennent renforcer l'effort de la communauté internationale dans son combat pour la sauvegarde des droits de l'homme.

Nous l'avons remarqué, pendant que la justice populaire, au niveau étatique, dévalorise l'homme, la conscience juridique collective, à travers les initiatives de la communauté internationale, travaille à lui restituer sa dignité. Toutes ces démarches convergent vers la création d'un instrument juridique élargi aux dimensions de l'humanité. C'est le droit international humanitaire.

7.2.   LE DROIT INTERNATIONAL HUMANITAIRE

Malgré les tentatives engagées pour décourager son ouvrage de sauvegarde de la vie de l'homme, le droit a poursuivi son ascension. Les efforts se sont multipliés pour que des instruments juridiques performants soient mis au service de la sécurité de l'homme au niveau étatique comme inter-étatique. Le droit international humanitaire en est un. Il ne faut pas le confondre avec le droit humanitaire[87]. Nous apprécierons à partir de sa définition sa pertinence, sa place et son contenu dans la lutte pour la mise en valeur de la dignité de l'homme.

7.2.1. DEFINITION ET PERTINENCE

M. Wayila TSHIYEMBE propose une définition fonctionnelle du droit international humanitaire : « Le droit international humanitaire est un ensemble de règles fondées sur le postulat d'une société de liberté, en vue de régir la conduite de l'usage du monopole de la force légitime exercée par un Etat constitutionnel, démocratique et social, aussi bien dans un conflit armé que dans le maintien de l'ordre »[88]. De la définition découle la pertinence du droit international humanitaire. Nous faisons remarquer qu'elle sera envisagée dans la relation de ce droit avec les problèmes sociaux que pose la pratique de la justice populaire. Trois niveaux seront considérés. D'abord le fondement du droit international humanitaire : le droit humanitaire international a pour base l'un des principes particulièrement chers à l'Etat de droit : la société de liberté. Ensuite, son objectif est de réglementer la force légitime exercée par un Etat sur l'autre. Enfin, la définition indique les circonstances

---

[86] Cette notion sera expliquée dans le développement postérieur.
[87] Distinguer le droit international humanitaire (le *''jus ad bellum''* ou *''jus contra bellum''*) et le droit humanitaire (le *''jus in bello''*).
[88] M. W. TSHIYEMBE, *Droit international humanitaire et l'avènement d'un Etat républicain, d'une armée nouvelle et d'une défense nationale*, p. 191.

d'intervention du droit international humanitaire : lors d'un conflit armé ou du maintien de l'ordre. Tout porte à croire que le droit international a son intérêt et trouve sa pertinence seulement dans des circonstances belliqueuses. Evidemment, l'apparence peut engendrer ce constat si l'on n'y prend pas garde. La pertinence du Droit international se retrouve beaucoup plus loin que ce que l'apparence donne à voir. En effet, ce droit interpelle la conscience collective des Etats et relativise leur autorité pleine de force pourtant légitime. Il impose des mesures afin que la force légitime ne soit pas mise au service de la destruction physique de l'homme, comme c'est le cas au niveau de la justice populaire. En cela il occupe une place de choix dans l'univers juridique.

7.2.2. PLACE ET CONTENU

Le droit international humanitaire est fonctionnel à l'échelle internationale. Pour cette raison, il est placé dans l'ordre juridique international. En effet, son objectif est la préservation de la vie et de l'intégrité des victimes de guerres et par conséquent, « *il ne prétend ni toucher aux causes de la guerre, ni étendre son champ à des personnes requérant protection et assistance pour des causes non liées à la guerre* »[89]. Néanmoins, vu les idéaux qu'il défend, on ne serait pas gêné de lui accorder une bonne place dans l'histoire de nos sociétés contemporaines en mal de justice et en perte de vitesse dans le domaine juridique. Il viendrait à point nommé éclairer les égarements et corriger les tares que la justice populaire constitue et engendre. Le contenu du droit humanitaire offre une note poignante à ce propos si l'on se convainc qu'il est un corps d'instruments juridiques qui contraint les Etats à se soumettre à la loi, à respecter les droits de l'homme et les libertés individuelles. Les règles du droit humanitaire sont de deux sortes. Il y a les règles du droit de la Haye formulées pendant les conférences diplomatiques du début du XXè s. à la Haye. Il y a aussi les règles du droit de Genève élaborées à la fin du XIXè s. par une conférence diplomatique à Genève. Elles sont toutes présentes dans les traités du droit humanitaire que constituent les quatre conventions de Genève de 1949 et leurs protocoles additionnels de 1977. En toute légitimité, on peut s'indigner et objecter que le droit international humanitaire n'a pas de lien avec la justice populaire. Le lien n'est certes pas direct mais du moment où « *tout système de droit a pour objectif ultime d'assurer le règne de la justice parmi les sujets qu'il régit* »[90], le droit international vise aussi la justice dans toutes ses manifestations y comprise celle négative qu'est la justice populaire.

---

[89] Y. SANDOZ, *Pertinence et permanence du droit humanitaire international,* p.33.
[90] Cf. C. ROUSSEAU, *Le droit international et l'idée de justice, in : « Le droit international au service de la paix, de la justice et du développement »,* p. 398.

En somme, la justice populaire se trouve être une négation de l'Etat de droit. Elle est devenue un grand problème dans les sociétés contemporaines pourtant en plein essor démocratique. Même si elle ne s'y est pas attaquée directement, la communauté internationale a été une lumière vive qui en a dévoilé toute la vilenie. Dans la même lancée que la communauté internationale, l'autorité religieuse dans ses divers embranchements a apporté sa pierre à l'édification de la dignité de la personne humaine.

Chapitre 8 : L'apport de l'autorité morale et religieuse

Par autorité morale et religieuse nous entendons l'Eglise catholique dans son administration et son gouvernement (le Saint-Siège), puis dans sa représentativité locale au Bénin. Vigilantes et attentives à l'homme en société, les différentes représentations de l'Eglise catholique ne restent pas en marge de ses problèmes. Elles savent intervenir en temps opportun pour rappeler à l'ordre. Experte en humanité, elle défend continuellement et sur plusieurs fronts toute vie humaine menacée par le spectre de la mort. Les moyens qu'elle emploie sont multiples. Le plus ordinaire est le rappel à l'ordre par des écrits périodiques sensibilisateurs, dénonciateurs et éducateurs. Ce peut être une encyclique, un message ou tout autre document visant le même but. Maintes fois, la réalité des droits de l'homme a été au cœur de ses préoccupations et le demeure.

8.1. LE SAINT-SIÈGE ET LES DROITS DE L'HOMME

A priori, la position de l'Eglise sur les droits de l'homme est connue. Ce qu'il faut chercher à clarifier, ce sont, notamment, les circonstances et les termes dans les lesquelles elle est exprimée. Nous avons estimé qu'il est indispensable , pour y arriver, de recourir à la onzième lettre encyclique de *Jean Paul II* : "*Evangelium Vitae*".

8.1.1. LA REPONSE DE "EVANGELIUM VITAE"

Pour nous, cette encyclique est la réponse que le Saint- Siège apporte au problème de la justice populaire par l'entremise de *Jean Paul II.* Tout en se positionnant avec réalisme face aux menaces dirigées contre la vie et voyant la promotion d'une "culture de mort" dont notre époque est marquée, l'intention fondamentale du document pontifical demeure la proclamation de la Bonne Nouvelle de la valeur et de la dignité de la vie humaine. *"Evangelium vitae"* chante la grandeur de la vie, de son caractère précieux, même dans sa phase temporelle. Elle réaffirme avec autorité et fermeté la valeur de la vie humaine et son inviolabilité. Elle en profite pour lancer un appel à tout le genre humain au nom de Dieu : « *respecte, défends, aime et sers la vie, toute vie humaine : c'est seulement sur cette voie que tu trouveras la justice, le développement, la liberté véritable, la paix et le bonheur*»[91]. L'originalité de la réponse de *"Evangelium vitae"* réside dans la précision qu'elle fournit quant à la valeur de la vie humaine : la vie humaine est d'autant plus grande que le Fils de Dieu l'a prise pour en faire l'instrument du Salut pour toute l'humanité. Il est indéniable que l'ensemble des instruments juridiques nationaux, déclaratoires, constitutionnels et conventionnels, a clamé avec forte insistance la valeur de l'homme mais aucun d'eux n'a pu en ressortir la raison. En outre, *"Evangelium vitae"* met l'accent sur la vie comprise comme une responsabilité. En effet, autant on cherchera à protéger sa vie, autant on ménagera celle de l'autre. Nous sommes tous garants de la vie de l'autre « *...Je demanderai compte du sang de chacun de vous* »[92]. Le Saint-Siège, à des occasions données, a publié des actes qui abondent dans le même sens de promotion des droits de l'homme.

8.1.2. LA PROMOTION DES DROITS DE L'HOMME COMME FACTEUR DE SECURITE

L'idée que véhicule l'intitulé est issue d'un acte du Saint-Siège sur *"la valeur et la portée universelle des droits de l'homme"*[93]. Il énonce comment l'Eglise apprécie le travail juridique qui s'effectue dans la société. L'encyclique *"Pacem in terris"* de **Jean XXIII** le relie aux droits de l'homme : « *un des actes les plus importants accomplis par l'O.N.U. a été la Déclaration Universelle des Droits de l'Homme, approuvée par l'Assemblée Générale des Nations Unies* »[94]. Pour le Saint-Siège, cette déclaration a une importance supérieure en ce qu'elle met en place les moyens nécessaires pour que les normes de moralité, les devoirs de justice, les conditions de vie conformes à la dignité humaine ne demeurent pas lettres mortes mais qu'ils aient une incidence positive sur la vie des hommes. Le plus intéressant dans la pensée de l'Eglise est l'intuition qui lui a fait considérer et diagnostiquer les maux qui rongent la

---

[91] Jean Paul II, *L'évangile de la vie*, n° 5, p. 10.
[92] Genèse 9,5.
[93] Cf. *La Documentation catholique*, n° 1647, p. 117.
[94] R. J. DUPUY, op. cit. p .117.

société dans le sens du mépris des droits fondamentaux de l'homme, d'où qu'ils proviennent, même de la justice populaire. Le Saint-Siège, dans sa contribution, a souligné la dimension communautaire des droits de l'homme à défaut duquel s'établissent toutes les catastrophes sociales. Mais pour que la dimension sociale soit opérante, chacun devra s'engager dans un combat à deux phases : combats pour la convergence des convictions et pour la communion. Le combat pour la convergence des convictions a lieu au niveau de chaque homme. C'est l'objectif que chacun se fixe de mettre en valeur la dignité de la personne humaine. *René Jean DUPUY* s'interroge à ce sujet : « *cette convergence ne révèle-t-elle pas une commune et fondamentale structure de l'esprit humain qui se reconnaît obligé de respecter un certain nombre de règles et d'exigences indispensables à la sauvegarde de la dignité de tous ? »*[95]. Les hommes possèdent naturellement la force du combat pour la communion, étant nécessairement rattaché à une communauté où ils épanouissent toutes leurs virtualités au contact des autres : «...*chacun n'existe que dans cette fondamentale référence aux autres, en communion, en solidarité avec les autres...*"[96]. Plus loin, *René Jean DUPUY* explicite davantage les fondements conventionnelle et communionnelle de la dimension communautaire des droits de l'homme : « *les droits de l'homme sont ordonnés autour de la notion de dignité de la personne qui exige de lui qu'il agisse selon un choix conscient, libre, mû et déterminé par une conviction personnelle et non sous l'effet de poussées instinctives, de contrainte extérieure, que chacun considère son prochain, sans exception, comme un soi-même, tienne compte avant tout de son existence et des moyens qui sont nécessaires pour vivre dignement »t*[97]. Par sa contribution, le Saint-Siège a largement contribué à l'évolution de l'analyse du problème de la justice populaire. Même s'il ne l'a pas directement indexée, sa participation à la réflexion sur les faits sociaux liés à la méconnaissance des droits de l'homme accrédite son intervention. L'Eglise catholique au Bénin ne s'y est pas moins intéressée.

8.2.   L'EGLISE CATHOLIQUE AU BÉNIN

L'Eglise catholique au Bénin est très attentive au déroulement de la vie des citoyens dans tous les domaines. Sans faire du bruit, elle agit efficacement pour le bien-être de tous sans chercher à s'introduire corps et âme dans la gestion des biens et des personnes. Ce n'est d'ailleurs pas sa mission. Là-dessus, nous revoyons toutes les émissions que la radio catholique diffuse et tous les articles que produit le journal catholique "*La Croix du Bénin*". La question

---

[95] R. J. DUPUY, op.cit., p. 117.
[96] Idem.
[97] R.J. DUPUY, *Le Saint-Siège et les droits de l'homme*, p. 119.

de la justice populaire a tellement préoccupé les évêques du Bénin qu'ils n'ont pu s'empêcher de réagir vivement. C'était en 1999, où le phénomène gagnait du terrain. Entre autres sujets, la question de l'insécurité occasionnée par la justice populaire était à l'ordre du jour de la conférence qu'ils avaient eue à Natitingou cette année-là. Ils en étaient revenus avec un joyau : *"Message des évêques du Bénin à l'occasion de l'insécurité grandissante dans le pays"*. Partis d'une série de questionnements, ils apportent par la suite leur contribution au vœu de paix social qui habite les populations

8.2.1. LA JUSTICE POPULAIRE EN QUESTION.

Les évêques situent la justice populaire par rapport à la sécurité de façade qu'elle semble procurer puis tentent avec fruit d'en identifier les vrais fautifs. Ils se questionnent sur la nature de la sécurité retrouvée par les populations : « ... *de quelle sécurité s'agit-il ? Suffit-il de voir les malfrats flamber ou en fuite pour se croire en sécurité ? Suffit-il de voir ses biens en sûreté pour se croire en sécurité alors que la misère prolifère autour de nous , et qu'il y a des jeunes gens et des filles sans travail ? Suffit-il pour se croire en sécurité de ne plus être agressé sur les routes alors que l'argent qui doit servir au développement du pays est régulièrement détourné pour servir des intérêts particuliers ou prendre le chemin des banques étrangères ? Suffit-il pour se croire en sécurité de voir une petite partie du pays s'enrichir de plus en plus alors que le peuple sombre dans la misère ? La sécurité fait-elle bon ménage avec le mensonge politique qui prolifère et la démission évidente de ceux qui doivent protéger ou dire le droit ? »*[98]. Nous comprenons par là que cette sécurité, si elle en était une, est éphémère, précaire et fragile. De plus, elle ne fait qu'occulter les vrais problèmes qui minent le pays et dont il faut rechercher les causes et les auteurs. En ce qui concerne les fautifs en matière de justice populaire, nous percevons le point culminant de l'approche des évêques dans une double problématique : Qui accuse-t-on et qui accuse ?

Le seul accusateur, c'est le peuple. Les accusés sont, aux yeux du peuple, les forces de l'ordre, la justice et principalement l'état qui est l'instance supérieure devant régir tous ces secteurs sociaux. Les évêques, eux, situent les responsabilités de chacun et proposent des pistes pouvant contribuer au déracinement du mal.

---

[98] *Message des évêques du Bénin* p. 2.

8.2.2. CONTRIBUTION DE L'EPISCOPAT

L'apport de la Conférence Episcopale du Bénin à la lutte contre le phénomène "*vindicte populaire*" est énorme et opérant si l'on le valorise. Du côté des accusés, les évêques rapportent les raisons pour lesquelles l'Etat, les forces de l'ordre et la justice sont remis en cause. Elles se résument, pour l'Etat, dans le manquement à son devoir de justice contre les criminels, d'assistance matérielle aux forces de l'ordre. Quant à eux, leurs désordres et leurs complicités, sont dénoncés. Les mêmes raisons valent pour l'administration judiciaire. Toutes ces raisons liées aux diverses instances accusées sont celles généralement attribuées par l'opinion publique et les mass médias. Les évêques n'en sont que de fidèles rapporteurs. Ils s'en serviront d'ailleurs pour discerner le problème. Ils commencent d'abord par inclure les médias dans le rang des accusés : « *Ces médias eux-mêmes sont au ban des accusés. Certes, ils sont friands des nouvelles croustillantes et sanglantes qui pourront faire écouler leurs parutions. Mais quels efforts font-ils pour éduquer la conscience du peuple ? »*[99]. Ils interpellent ensuite les partis politiques qui se servent d'associations de malfrats pour enrichir leur clientèle. Ils reviennent enfin sur l'accusateur et l'accusent aussi de sa complaisance qui réveille ses instincts de haine et le trempe dans l'illégalité. Une fois les responsabilités situées, la conférence épiscopale réexamine la nature de l'accusé principal : l'Etat.

L'Etat n'est pas une abstraction. Il n'existe qu'en référence aux hommes qui le composent. Ce sont eux qui ont choisi leurs dirigeants. En conséquence, si l'Etat est accusé, chacun devait se sentir interpellé. « *... nous sommes tous concernés et c'est avec la participation de tous que nous pouvons chercher lentement mais sûrement à créer les vraies conditions de paix et de sécurité dans notre pays. Et nous devons aider l'Etat à accomplir ses devoirs dans ce domaine... »*[100]. Les évêques ne se sont pas contentés de prodiguer des leçons. Ils ont proposé des solutions concrètes qui sont des pistes à suivre pour que règne la paix à la place de l'insécurité. La première est relative au rôle de l'Etat. Ils l'invitent à revoir le régime carcéral et à lui conférer sa vraie vocation, celle d'être une retraite de conversion et de repentance pour les prisonniers au lieu d'être une pépinière de gangsters prêts au massacre et voués à la mort. La deuxième est un rappel à l'ordre moral qui coïncide avec deux commandements de Dieu : *«"tu ne voleras pas", "tu ne tueras pas". Ces deux lois absolues touchent la personne humaine : l'une dans ses biens, l'autre dans sa vie. Dieu, auteur de la vie et qui a remis les choses créées au service de la vie de l'homme est le seul qui doive exiger le respect de la vie et des biens.*

---

[99] *Message des évêques du Bénin,* p.3.
[100] Ibidem, p. 4.

C'est ce qu'il a clairement exprimé dans ces deux commandements »[101]. La troisième est une exhortation adressée à tous en vue de l'acquisition des valeurs de générosité, du service et du pardon par l'éducation en famille, à l'école, dans les différentes associations sociales, et au sommet de l'Etat, pour la gestion saine des personnes et des biens. La note finale de la contribution de l'Eglise Catholique au Bénin est la demande de conversion à la vérité, l'honnêteté, au sens du devoir, au respect de la vie et de dignité humaine, à la justice et à la charité, vertus qui fortifient et maintiennent le lien social entre tous les citoyens.

Nous sommes presque au bout d'un parcours dont les premiers moments nous ont renvoyé loin dans le passé, à la genèse de la justice et aux sources du mouvement juridique dans lequel l'humanité a été embarquée et qui perdure jusqu'aujourd'hui dans ses phases positives et négatives. Malgré les accusations portées aujourd'hui contre le droit et qui sont fondés sur les échecs mondiaux (persistance des fléaux comme la faim, la guerre, la discrimination, l'intolérance, la torture, les purifications ethniques, en dépit de l'insistance sur les droits de l'homme), nous restons persuadés avec **Guy AURENCHE** que «*...le bilan du processus de construction juridique mondiale demeure un véritable espoir pour les damnés de la terre...* »[102]. Il nous faut à présent, dans une perspective pastorale, réagir face à la problématique que pose la justice populaire.

8.3.   APPROCHE PASTORALE

A l'heure où notre réflexion devait être bouclée par la perspective pastorale que nous avons maintenant abordée, nous avons été mis au courant d'un événement malheureux, triste et écœurant qui rentre parfaitement dans notre problématique : celui que nous avons relaté dans l'introduction concernant la mort tragique de notre ami Chabi Franck. Nous nous en inspirons pour définir les cadres de notre étude. Elle ne sera certainement pas exhaustive puisque nous n'avons pas le monopole de la vérité. Elle n'est qu'un son de cloche parmi tant d'autres. Pour cela, nous avertissons déjà nos lecteurs de son aspect subjectif. Néanmoins, nous ferons l'effort d'être le plus proche possible de l'objectivité en visant la profondeur de l'analyse. Le premier facteur qui l'accrédite et lui donne de l'intérêt est son fondement sur le fait concret le plus récent qui a juste précédé notre réflexion.

8.3.1. ARGUMENTAIRE

---

[101] *Message des évêques*, p. 6.
[102] G. AURENCHE, op. cit., p.726.

Supposons que les auteurs de ce crime crapuleux aient été arrêtés par une alerte qui avait ameuté la population. Ils seraient immédiatement soumis à la pénalité des foules qui ne se feraient d'ailleurs pas prier. Dans ce cas, nous sommes introduits dans la législation du talion. Quand la justice populaire rime avec le talion, nous pensons qu'il ne serait pas exact de la mettre sur un pied d'égalité avec les cas de disproportionnalité entre l'acte commis et la pénalité encourue. Nous ne faisons fi ni de la moralité, ni du droit. En ce sens, nous trouvons judicieux, réglementaire et humain de transmettre les criminels à l'Etat pour qu'il se charge de les punir suivant les normes établies. Mais nous sommes d'autant plus embarrassé que, d'un côté, l'Etat, à coup sûr, finira par relâcher les détenus qui, peut-être, recommenceront leurs forfaits impunément. De l'autre, les parents de la victime, toujours inconsolables, seraient traumatisés en voyant déambuler sans gêne les meurtriers de leur enfant. C'est un véritable cas de conscience qu'il est difficile de trancher. De toutes les façons, nous tenons à ce que l'Etat mette en branle la machine judiciaire pour punir, avec la dernière rigueur, tous les auteurs d'assassinats crapuleux qui, friands d'un intérêt matériel immédiat, méprisent allègrement la vie de l'homme. Que la peine soit la plus lourde possible pour qu'il y ait à leur niveau un changement effectif. Dans le but de leur faire sentir la gravité de leurs actes, les juges pourront les déférer dans des établissements pénitenciers, pour qu'ils purgent leurs justes peines, en signe de réparation de leurs forfaits.

Or, malheureusement, les criminels se sont échappés et évoluent dans l'accomplissement d'autres forfaits semblables et laissant dans le désarroi une famille qui vivait dans la tranquillité. Pour être juste envers elle, l'Etat devra engager des enquêtes judiciaires pour rechercher les traces des meurtriers jusqu'au moment où leurs investigations se révèleront vaines. C'est une source de consolation immense que de sentir soutenu par une instance supérieure qui prend à cœur la vie de chaque citoyen. La justice populaire apparaît quelquefois comme une mesure répressive plus ou moins efficace eu égard à l'intimidation qu'elle inocule dans le rang des bandits potentiels. Ces derniers, en effet, par crainte de subir le même sort que leurs compagnons de réputation triste, auront à refréner leurs mauvaises actions. Nous n'avons nullement l'intention de béatifier la justice populaire. Nous voulons plutôt qu'elle soit repoussée le plus loin possible de la société. Mais nous devons reconnaître ses bienfaits momentanés à l'endroit de certaines populations qui vivaient dans un état de psychose déplorable. Et si, un jour, des fidèles chrétiens catholiques étaient concernés par la justice populaire ?

8.3.2. LE CHRETIEN FACE A LA VINDICTE POPULAIRE

Trois cas de figure sont à considérer ici : le cas des chrétiens témoins des faits, celui des chrétiens acteurs et celui enfin des chrétiens victimes des faits. Pour un cas comme pour l'autre, les chrétiens concernés sont en mauvaise posture. Une tentative de quantification des faits amènerait à trouver moins grave et moins compliqué le cas des chrétiens témoins des faits. Toutefois, il reste à savoir si c'est un concours de circonstances qui les y a amené ou s'ils prennent un plaisir malsain à assister aux spectacles de justice populaire. L'attitude chrétienne correcte, en ces moments, consiste à décourager au maximum les acteurs du drame et, au besoin, à faire recours rapidement aux agents de police. Une indifférence serait coupable.

Par contre, s'il s'agit de chrétiens qui s'adonnent éperdument à la promotion de tels actes, - nous doutons fort bien de cette possibilité -, ils seront dénoncés par la communauté ecclésiale dont ils sont issus et seront sévèrement sanctionnés par leurs agents pastoraux. Ces deniers chercheront à les aider pour qu'ils se convertissent après avoir accompli une pénitence rigoureuse dans le sens de l'expiation de leur faute.

Au cas où ce serait des chrétiens victimes de la justice populaire, leur communauté est vivement interpellée avec ses pasteurs. Une remise en question générale conduira les uns et les autres à un examen de conscience pour savoir comment le mal a pu germer en leur sein (s'il s'agit de chrétiens effectivement en infraction). Une campagne de sensibilisation servirait à conscientiser les autres fidèles sur la réalité du mal et ses conséquences d'abord vis-à-vis de Dieu et enfin vis-à-vis de la société. Mais s'il s'agit du cas d'un chrétien innocemment inculpé qui meurt par les procédés sauvages de la justice populaire, le pasteur et la communauté en appelleront à la compétence judiciaire de l'état et poursuivront les auteurs du crime jusqu'à ce que justice soit faite. Il faut noter que toutes ces démarches exigent que les pasteurs soient intéressés par la vie de leurs fidèles non seulement dans le milieu ecclésial mais aussi dans leur comportement social. Il faut, en effet, que la formation chrétienne se résonne dans la vie sociale.

Avant de clôturer notre parcours, nous relevons un constat : malgré l'application régulière de la justice populaire, les actes contre lesquels elle s'insurge surviennent toujours. Nous pouvons en conclure que la justice populaire n'est pas la meilleure solution aux problèmes qu'elle prétend résoudre.. La fin visée par la justice populaire est noble mais les moyens qu'elle emploie ne sont pas adéquats. Il faut pour cela un "*retour au bon sens et à la logique*", comme l'affirme si bien CASAMAYOR qui fait un constat que nous approuvons : "*En droit comme ailleurs, les fins ne justifient pas les moyens. Elles sont simples et eux sont compliqués. Le code pénal, paraphrase de la règle simpliste qu'il faut punir les coupables, ne fait que sceller une vielle barbarie. Le code de procédure, au contraire, apporte quelque chose de nouveau : un intermédiaire entre l'indignation et la vengeance. L'important n'est pas de se faire justice soi-même ; ça, c'est un début, une petite amorce de civilisation »*[103].

En nous appuyant sur l'historien **FOUCAULT**[104] pour qui le rôle du tribunal est de ''maîtriser' 'la justice populaire, nous proposons que l'administration de la justice de l'Etat décourage véritablement ce phénomène génocidaire.

[103] CASAMAYOR, "*De la fonction du droit*", in : *Lumière et vie*, n° 102, p. 29-30.
[104] Pour lui, le *« tribunal n'est pas comme l'expression naturelle de la justice populaire.. Il a plutôt pour fonction historique de la rattraper, de la maîtriser et de la juguler*(...) Cf. F.COLCOMBET , *La justice dans ses pompes et dans ses œuvres*, in : *Lumière et vie*, n° 135, p. 63.

CONCLUSION

Justice populaire !

La simple émission de ces deux mots suffit pour alimenter les débats et les conversations surtout au moment où le phénomène a sévi cruellement au Congo, au Bénin et ailleurs dans le monde. Dans les milieux intellectuels, la justice populaire est appréciée diversement. Généralement , les commentaires qu'elle suscite sont marqués par un sentiment de révolte.

Du côté des populations, il n'est pas question de réfléchir avant d'agir. La masse populaire est toujours impatiente de passer à l'acte de l'autodafé au moindre signal. En effet, elle est spontanément motivée par l'instinct de résolution hâtive du sort du présumé coupable. Dans un cas comme dans l'autre, ces réactions soulèvent un problème déjà évoqué dans l'introduction : celui de l'existence d'une justice extralégale dans des sociétés fondées sur le droit. Il ne serait pas non plus superflu de se demander si la justice populaire est une invention des sociétés moderne et contemporaine. Car, si nous considérons ses manifestations accrues et répétées à l'orée du troisième millénaire, cette conclusion pourrait nous effleurer.

Mais un retour à l'histoire des sociétés nous a permis de constater l'origine lointaine de la justice populaire. Elle était même reconnue comme la justice qui fonctionnait comme mode de résolution des conflits. Son efficacité avait été, bien des fois, compromise par les résultats désastreux qui en découlaient aux dépens des hommes. Suite à des réactions, des mesures mélioratives venaient rétablir les dérives et compenser les lacunes.

Ainsi, au fil des ans, grâce à la conscience juridique collective, le droit s'est perfectionné dans les sociétés. De même, aujourd'hui où la justice populaire donne les signes d'une véritable résurgence, les sociétés veillent, tant bien que mal, à la garantie de la vie des hommes. Pour cela, tout comme par le passé, de nombreuses dispositions sont prises pour résorber la justice populaire. En ce qui concerne le Bénin, nous n'avons qu'à nous rappeler les démarches successives du gouvernent   dont le but était de dissuader le ''colonel'' **DEVI**.

Avec cet éclairage historique nous affirmons avec **Voltaire** que « *la plus belle fonction de l'humanité est celle de rendre justice (...) ; non seulement les costumes, mais les usages et les traditions se sont perpétués. Nulle part , peut-être, le passé ne revit avec plus de force que dans le monde judiciaire ; les textes de lois eux-mêmes, à première vue, paraissent*

53

récents, et nous avons remarqué cependant, que ceux qui semblent les plus novateurs s'inspirent parfois du passé le plus lointain »[105].

Il faut noter que de façon connexe à la justice populaire, c'est tout le système juridique qui est remis en cause. Plus précisément, ce sont les droits de l'homme, que les organismes spécialisés et les experts défendent contre toute attaque, qui sont dangereusement compromis. Mais l'insistance sur la nécessité de leur protection n'est pas une vaine entreprise. C'est pourquoi nous approuvons cette réflexion d'un auteur contemporain : « *Condamner les droits de l'homme au seul énoncé des échecs mondiaux constitue une grande malhonnêteté intellectuelle. Faudrait-il condamner la recherche médicale parce que ni le cancer ni le sida ne sont vaincus ? Par ailleurs, faire croire que les textes internationaux permettraient de faire face à tous les maux du globe équivaudrait à croire qu'il suffit de rédiger une ordonnance pour que le malade guérisse(...)*[106].

Nous ne pouvons donc que nous réjouir au constat de la multiplicité des documents qui continuent d'être édictés pour que les droits humains soient sauvegardés. Quantité de livres sont parus entre 1990 et 1996. Plusieurs ont été répertoriés et rangés sous la rubrique : « *droits de la personne et droits des peuples »*[107].

Nous ne saurions clore la réflexion sans remettre en valeur une interrogation au sujet de la vindicte populaire. Comment l'état doit-il s'y prendre pour maîtriser les infractions et les délits qui désorganisent le tissu social et compromettent l'appareil judiciaire ?

Notre contribution à la résolution de cette problématique empruntera trois pistes.
La première nous engage sur un terrain juridique. Même si nous avions préalablement défini la justice, il ne serait pas superflu d'y revenir pour la situer par rapport au nouveau questionnement à nouveaux frais.

Finalement, qu'est-ce que la justice ?, allons-nous nous poser comme question. Est-ce le fait de rendre à autrui son dû ou le fait de donner à chacun selon ses besoins ou ses mérites ou encore l'application pure et simple de la logique du ''*do ut des* ''qui veut que les hommes agissent envers leurs semblables tel que ces derniers le font à leur égard ?

De toutes façons, la véritable justice est, selon nous, celle qui s'exerce dans un échange des droits et des devoirs sur la base non seulement de l'égalité des personnes mais aussi de leur dignité et du respect dû à chaque personne. C'est seulement à cette condition que la justice ne deviendra pas populaire.

---

[105] M. ROUSSELET, op. cit., p.126.
[106] G. AURENCHE, op. cit., p.726.
[107] Nous pouvons citer en exemple : Pierre BERCIS, *Guide des droits de l'homme ; Maurice TORRELLI et René BEAUDOUIN, Les droits de l'homme et les libertés publiques par les textes* ; François RIGAUX, *pour une déclaration universelle des droits des peuples. Identité nationale et coopération internationale* ; Sélim ABDOU, *Cultures et droits de l'homme* ; Patricia BUIRETTE, *Le droit international humanitaire*.

Par ailleurs, il s'avère nécessaire que les citoyens commencent à être sensibilisés et éduqués pour avoir en conscience que dans un Etat de droit, tout est régi par une législation et suit une procédure. Dans ce contexte, chercher à résoudre les cas de délit sans tenir compte du système judiciaire mis en place par l'Etat est encore une cause de délit. Tout système juridique reconnu comme tel a une source de production, un auteur du commandement et un organe de production des lois. Quel est ce système juridique où l'auteur du commandement se confond à l'anonymat de la foule compacte et hétéroclite d'où sortent toutes sortes de consignes et de recommandations subversives ?

La deuxième est d'ordre éthique. En effet, la vie de l'homme est si importante que quelles que soient les situations, nous sommes appelés à la sauvegarder. Nous n'avons qu'à voir toutes les instances créées pour lutter dans ce sens. Par exemple, le *Décalogue,* avec l'injonction : *"Tu ne tueras pas"*, insiste sur la nécessité de la préservation de la vie. Les Droits humains, de leur côté, ont toujours été en état d'alerte pour signaler l'urgence de la protection de la vie. Le droit pénal intervient, pour sa part, pour punir les attentats contre la vie et les homicides. Il est temps que le respect de la vie rentre dans nos mœurs et soit ancré dans la mentalité de chaque citoyen. Pour cette raison, nous lançons une série d'appels à la mobilisation : une contre la peine de mort et l'autre contre l'impunité.

La peine de mort constitue l'acte final de la justice populaire. Arriver à la bannir de l'agir social serait un cri de victoire proclamé à l'encontre des assauts de la justice populaire. Il revient d'abord aux Etats d'inscrire son abrogation dans les textes de lois et de veiller à la faire supprimer des comportements sociaux qui y prêtent flanc. Ensuite, il est du devoir des citoyens d'intégrer dans leur mentalité et dans leurs attitudes la réprobation ou le rejet de la peine de mort. Dans ces conditions, la justice populaire sera naturellement éjectée par les populations. Signalons, à propos de la peine de mort l'enseignement de L'Eglise Catholique : « *L'enseignement traditionnel de l'Eglise n'exclut pas, quand l'identité et la responsabilité du coupable sont pleinement vérifiées, le recours à la peine de mort, si celle-ci est l'unique moyen praticable pour protéger efficacement de l'injuste agresseur la vie d'êtres humains »[108].*

En dehors de la lutte contre la peine de mort, il nous faut nous mobiliser pour combattre l'impunité et poursuivre la justice à l'encontre des malfrats.
Nous n'allons pas initier une analyse des causes de l'impunité généralisée dans nos sociétés. Nous nous contentons d'en évoquer quelques unes à la lumière desquels il nous sera possible de proposer un moyen pour y remédier.

---

[108] Cf. Catéchisme de l'Eglise Catholique, n°2267, Centurion/Cerf/Fleurus/Mame, Paris 1998, p.549.

55

La plupart du temps, la négligence, l'inefficacité, le laxisme et la permissivité, doublés de corruption sont à la base de l'impunité des crimes. Nous trouvons que l'existence d'un observatoire des crimes impunis viendrait à point nommé ''secouer'' l'appareil judiciaire dans ses lenteurs et ses négligences. La création d'un tel organe limiterait les ardeurs agressives des malfrats qui sentiront le spectre de la loi planer sur eux.

La troisième piste est pastorale. Elle donnera lieu à un certain nombre d'exhortations fondées sur des convictions personnelles profondes.

En revenant sur la justice, il convient que nous fassions une nette différence entre justice et vengeance. La justice vise l'ordre social en cherchant à garantir à chaque citoyen sa part de droit et sa part de devoir dans la société. Elle ne s'exerce pas anarchiquement. Son application suit des normes précises. La vengeance, par contre, est le désir d'un règlement de compte qui fait appliquer une ''pseudo-justice'' ou une ''simili-justice'' sans normes déterminées. Ceux qui s'y adonnent s'expriment de la sorte : « *je vais lui rendre le coup* ! ». La vengeance est, certes, une façon de se faire justice. Mais elle n'est pas la meilleure puisqu'elle comporte beaucoup de vices de procédure, d'une part, et elle engendre plus de maux qu'elle n'en guérit, d'autre part.

Il se développe, corrélativement au désir de vengeance, des penchants comme la violence et la non maîtrise de soi. La propension à la violence est en chaque homme, de même que la facilité à s'exciter en cherchant à vite réagir pour régler le cas de délit qui se présente. La solution, dans ces conditions de précipitation, est la justice populaire. Or, dans un climat de non violence et de maîtrise de soi, la justice populaire n'aurait pas eu droit de cité. Donc, un effort d'éducation personnel à la non violence et d'exercice en vue de l'acquisition de la vertu de maîtrise de soi sera un atout non négligeable dans la lutte contre la justice populaire. Et quand la maîtrise de soi sera inscrite dans les habitudes, il sera plus aisé aux citoyens de prendre du recul face aux excitations de masse.

Par delà tous ces aspects issus de considérations juridiques, morales et pastorales, nous proposons une piste théologale capable d'aider les citoyens à transcender le simple niveau de la justice. Il s'agit de la charité. Nous nous appuierons sur deux passages néotestamentaires pour mener à bien la réflexion[109].

Sans faire preuve de naïveté ni de permissivité, nous croyons fermement que si la justice s'accompagnait de la charité dans son exercice, les problèmes sociaux connaîtraient ordinairement un heureux aboutissement. La charité est comme un ''*supplément d'âme*'' qui, justement, permet de canaliser les mauvaises orientations et les applications négatives de la

---

[109] 1Co. 13,1-13 et Jn 8, 1-11.

justice. En outre, la non violence, que nous avons préconisée plus haut, ne sera plus un idéal difficile à atteindre si la charité guide les réactions des citoyens. L'apôtre Paul nous en dit long dans l'hymne qu'il a dédiée à la charité dans sa première lettre aux Corinthiens. Retenons-en quelques traits significatifs : « *l'amour prend patience, l'amour rend service... »[110].*

Le cas évangélique de la femme adultère illustre bien ce point de vue. Admirons la réaction de Jésus face à l'intransigeante position des pharisiens par rapport à la loi : « *que celui d'entre vous qui n'a jamais péché lui jette la première pierre »*. N'eût été cet appel à la charité, cette femme aurait été sauvagement lapidée.

En définitive, quand la justice est mue par la charité, elle contribue à la résolution paisible des délits sans laisser des traces d'impunité. Ainsi, la justice populaire pourra être totalement récusée. Alors, la société sera un havre de paix et d'épanouissement pour tous et pour toutes

---

[110] 1Co. 13,4

BIBLIOGRAPHIE

Documents Sur Les Conventions

BRETTON Philippe, *Les protocoles de 1977 additionnels aux Conventions de Genève de 1949 sur la protection des victimes des conflits armés internationaux et non internationaux dix ans après leur adoption*, in : *Annuaire français de droit international*, volume XXXIII, les éditions du centre national de la recherche scientifique, Paris, 1987.

Convention pour l'amélioration du sort des militaires blessés dans les armées en campagne, in : *Traités et accords internationaux enregistrés ou classés et inscrits au répertoire au secrétariat de l'Organisation des Nations Unies*, volume 1125, New York 1986.

Convention pour l'amélioration du sort des militaires blessés dans les armées en campagne, Genève, 22 août 1864, in : PARRY Clive, *The consolidated treaty series*, volume 187, (1898-1899), La Haye, 29 juillet 1989.

PLATTER Denise, *Présentation du droit international humanitaire et comparaison avec les droits de l'homme sous l'angle de la mise en œuvre*, in : *Revue de droit international et comparé*, publiée par la Société Africaine de Droit International et Comparé, tome III, n°2, juin 1991.

PRADELLE Paul (de la), *Le droit humanitaire des conflits armés*, in : *Revue générale de droit international public*, tome LXXXII, éditions A. PEDONE, Paris, 1978.

SANDOZ Yves, *Pertinence et permanence du droit international humanitaire*, in : *Humanitarian Law of Armed Conflict Challenges Ahead*, edited by Astrid J.M. DELISSEN, Gerard J. Tanja.

SOCIETE DES NATIONS, *Recueil des traités et des engagements internationaux,* enregistrés par le Secrétariat de la Société des Nations, volume CXVIII, imprimé pour la Société des Nations par les imprimeries réunies S.A. Lausanne, Suisse, 1932.

TSHIYEMBE Wayila M., *Droit international humanitaire et l'avènement d'un Etat républicain, d'une armée nouvelle et d'une défense nationale ; essai prospectif pour l'Afrique des années 2000,* in : *Revue juridique et politique, indépendance et coopération* n°2, avril-juin 1992.

Dictionnaire, lexique, encyclopédie

Dictionnaire de la pensée politique ; Homme et idées, Hatier, Paris, 1989.
Encyclopaedia Universalis, Paris, volumes : 5, 9, 10, 1979[14]

Le petit Larousse illustré en couleurs, Larousse-Bordas, Paris, 1997.

Lexique. Termes juridiques, sous la direction de Serge GUINCHARD, Gabriel MONTAGNIER, éditions DALLOZ, Paris, 1995.

ROUVIER Jean, *Le droit aujourd'hui,* Centre d'étude et de promotion de la lecture, Paris, 1973.

Autres documents

REPUBLIQUE DU BENIN Constitution, promulguée le 10 décembre 1990, Cotonou, 1990.

Déclaration Universelle des Droits de l'Homme, in : *Les droits de l'homme en questions,* Imprimerie industrielle Nouvelle Presse, Cotonou, 1998.

Livres

CASAMAYOR, *La justice*, édition Gallimard, Paris 1978.

GBENOU H. Victor, V*indicte populaire et protection des droits de l'homme* : *réflexion sur un indice de la crise de l'Etat,* mémoire de maîtrise, sous la direction de Jean Baptiste K. MONKOTAN, Université Nationale du Bénin, Abomey-Calavi,1998-1999.

GNACADJA Corneille, *Responsabilité et sanction : le cas de la vindicte populaire au Bénin*, mémoire de fin d'études, sous la direction de Barthélémy ZINZINDOHOUE, Grand Séminaire Saint Gall, Ouidah 2000-2001.

HOUNDEKON C. Eugène, *Le principe d'ingérence humanitaire en droit international*, thèse de doctorat, sous la direction de Vicenzo BUONOMO, Romae, Typografica ''LEBERIT'' , 1995.

KADJA Germain, *Platon et la politique (25 siècles de présence)*, les éditions du Flamboyant, Cotonou, 1994.

PLATON, *La république ou du régime politique*, édition Gallimard, Paris, 1993.

RAWLS John, *Justice et démocratie*, éditions du Seuil, Paris, 1993.

RAYNAL Maryse, *Justice traditionnelle, justice moderne, le devin, le juge, le sorcier*, l'harmattan, Paris, 1994.

ROBERT Denis, *La justice ou le chaos*, édition Stocks, Paris 1996.

ROUSSEAU Jean Jacques, *Du contrat social*, Garnier-Flammarion, Paris, 1966.

ROUSSELET Marcel, *Histoire de la justice*, Presses Universitaires de France, Paris, 1948.

SANDEVOIR Pierre, *Introduction au droit*, Dunod, Paris, 1991.

TE-YERI OUOROU B. Issiakou et TOURE Azizou, *Réflexions sur le phénomène de la justice privée au Bénin (cas du vol)*, mémoire de maîtrise, sous la direction de ALI-YERIMA Auguste, Université Nationale du Bénin, Abomey-Calavi, 1994-1995.

Articles

ANTOINE Pierre, *L'évangile et le droit*, in : Lumière et vie, n° 102, t.xx Lyon,1971, p.p. 60-76.

AURENCHE Guy, *les droits de l'homme en question*, in : *Etudes*, n° 3786, juin 1993, Assas éditions, Paris, 1993, p.p. 725-733.

BARBERIS Julio A., *la coutume est-elle une source de droit international ?*, in : *Mélanges VIRALLY Michel, le droit international au service de la paix, de la justice et du développement*, A. Pedone, Paris, 1991, p.p. 43-52.

BEDJAOUI Mohammed, *La « fabrication » des arrêts de la cour internationale de justice*, in : *Mélanges VIRALLY Michel, le droit international au service de la paix, de la justice et du développement*, A. Pedone, Paris, 1991, p.p. 87-107.

BERNARDIN Claude, *L'homme et la société dans le droit actuel*, in : *Lumière et vie*, tome xx, n° 102, avril-mai 1971, Lyon, 1971, p.p. 5-12.

BOYER Robert, *Notre droit a-t-il un avenir ?*, in : *Lumière et vie*, n° 102, avril-mai 1971,Lyon, 1971, p.p. 13-25.

BURDEAU G, *Loi*, in : *Encyclopaedia Universalis*, volume 10, février, 1979[14] , Paris, 1974, p.p. 74-80.

BURIN Henri des Roziers, *Rencontrer la justice, expériences et témoignages*, in : *Lumière et vie*, tome XXVI, n° 135, novembre-décembre 1977, Lyon, 1977, p.p.7-12.

CASAMAYOR, *De la fonction du droit*, in : *Lumière et vie*, tome xx, n° 102, avril mai 1971, Lyon, 1971 p.p. 26-30.

CHARBONNIER J. *Sociologie du droit*, in : *Encyclopaedia Universalis*, volume 5, janvier 1979[14] , Paris, 1974, p.p. 811-813.

CHARVIN R, *Justice politique*, in : *Encyclopaedia Universalis*, volume 9, février1979[14,] Paris, 1974, p.p. 585-588.

COLCOMBET François, *La justice dans ses pompes et dans ses oeuvres*, in : *Lumière et vie*, tome XXVI, n° 135, novembre-décembre 1977, Lyon, 1977, p.p. 53-66.

Commission théologique internationale, *Thèses sur la dignité et les droits de la personne humaine*, in : *Esprit et vie* n° 15, Cerf, Paris, 1985, p.p. 209-219.

CORRE Françoise, (LE) *Les ruses de la violence*, in : *Christus*, n° 192, octobre 2001, Assas éditions Paris, 2001 p.p. 392-401.

DABIN J., *Théorie et philosophie du droit*, in : *Encyclopaedia Universalis*, volume 5, janvier 1979[14] , Paris,1974, p.p. 797-807.

DAVID R., *Droit comparé*, in : *Encyclopaedia Universalis*, volume 5, janvier 1979[14], Paris, 1974, p.p. 807-811.

DAVID R, *Organisation de la justice*, in : *Encyclopaedia Universalis*, volume 9, février 1979[14], Paris, 1974, p.p. 581-585.

DUPUY R. J., Le Saint-Siège et les droits de l'homme, in : La documentation catholique, n°1647, février 1974, Imprimerie Bayard-Presse, Paris, 1974, p.117-119.

GRANGER Emile, *... Et selon cette loi, il doit mourir*, in : *Lumière et vie*, tome XXVI, n° 135, novembre-décembre 1977, Lyon, 1977, p.p. 77-91.

HOOG Pierre Marie, *L'impossible première pierre*, in : *Christus*, n° 192, octobre 2001, Assas éditions, Paris, 2001 p.p. 413-417.

JEAN PAUL II, *L'Evangile de la Vie*, Cerf/Flammarion, Paris 1995.

JEAN Paul II, *Les droits de l'homme en Europe*, in : *Documentation Catholique*, n° 1867, février 1984, Imprimerie Bayard-Presse, Paris,1984 , p.p. 147-148.

JOLIF Jean-yves, *Droit, conscience, liberté*, in : *Lumière et vie*, tome xx, n° 102, avril-mai 1971, Lyon , 1971, p.p. 47-49.

KESSOUS Roland, *La justice et la répression*, in : *Lumière et vie*, tome XXVI, n° 135, novembre-décembre 1977, Lyon , 1977, p.p. 43-51.

KI-ZERBO Josesph, *Droits de l'homme en Afrique*, in : *Spiritus*, n°144, septembre 1996, Bayard Presse, Paris, 1996, p.p. 302-315.

LAFERIERRE François Julien, *L'affaire des croissant*, in : *Lumière et vie*, tome XXVI, n° 135, novembre-décembre 1977, Lyon 1977, p.p. 22-27.

LASSUS Pierre, *L'enfant maltraité ; la perpétuation de la violence*, in : *Christus*, n° 192, octobre 2001, Assas éditions, Paris, 2001, p.p. 453-458.

LAVIGNE P , *Droits de l'homme*, in : *Encyclopaedia Universalis*, volume 5, janvier 1979[14], Paris, 1974, p.p. 814-821.

LEGOUY André, *Le travailleur étranger devant la justice* , in : *Lumière et vie*, tome XXVI, n° 135, novembre-décembre 1977, Lyon , 1977, p.p. 13-16.

LINEHAN A. Elisabeth, *La déclaration de la peine de mort aux Etats-Unis*, in : *Etudes*, mars 2000, Assas éditions, Paris, 2000, p.p. 303-311.

MURCIER Jean Paul, *La justice du tavail : apparences et réalités*, in : *Lumière et vie*, tome XXVI, n° 135, novembre-décembre 1977, Lyon, 1977, p.p. 17-21.

MWEMBO Mutunda, *De l'aspiration populaire à la justice au phénomène de l'auto-justice*, in : *Justice et société en R.D.C*, publications de l'Institut pour la Démocratie et le Leadership politique (I.D.L.P.), Kinshasa, 1999, p.p. 45-54.

PHILIPPE de la Chapelle, *Eglise et droit des sociétés*, in : *Lumière et vie*, tome xx, n° 102, avril-mai 1971, Lyon, 1971, p.p. 77-89.

QUELQUELIEU Bernard, *Les grandes déclarations des droits et des libertés*, in : *Le Supplément,* n° 125, mai 1978, Cerf, Paris 1978, p.p. 192-209.

REYGROBELLET Jean, *Rendre la justice*, in : *Lumière et vie*, tome XXVI, n° 135, novembre-décembre 1977, Lyon, 1977, p.p. 29-42.

ROUSSEAU Charles, *Le droit international et l'idée de justice*, in : *Mélanges VIRALLY Michel, Le droit international au service de la paix, de la justice et du développement*, A. Pedone, Paris, 1991, p.p. 398-403.

SAILLARD Michel, *la justice dans l'évangile*, in : *Lumière et vie*, tome XXVI, n° 135, novembre-décembre 1977, Lyon, 1977, p.p. 67-76.

TEZE Jean Marie, *le Bouddha et le Christ, deux attitudes devant la violence*, in : *Christus*, n° 192, octobre 2001, Assas éditions, Paris, 2001, p.p. 419-426.

TRUCHE Pierre, *la réforme de la justice*, in : *Etudes*, janvier 2000, Assas éditions, Paris, 2000, p.p. 23-34.

TUNC A., *Droit*, in *Encyclopaedia Universalis*, volume 5, janvier 1979[14], Paris, 1974, p.p. 796-797.

VINCENT Jean-Marie, *droit et travail - de Hegel à Marx*, in : *Lumière et vie*, tome xx, n° 102, avril-mai 1971, Lyon, 1971, p.p. 31-46.

www.ingramcontent.com/pod-product-compliance
Lightning Source LLC
Chambersburg PA
CBHW021915190326
41519CB00008B/782